essentials

Essentials liefern aktuelles Wissen in konzentrierter Form. Die Essenz dessen, worauf es als „State-of-the-Art" in der gegenwärtigen Fachdiskussion oder in der Praxis ankommt. *Essentials* informieren schnell, unkompliziert und verständlich

- als Einführung in ein aktuelles Thema aus Ihrem Fachgebiet
- als Einstieg in ein für Sie noch unbekanntes Themenfeld
- als Einblick, um zum Thema mitreden zu können

Die Bücher in elektronischer und gedruckter Form bringen das Fachwissen von Springerautor*innen kompakt zur Darstellung. Sie sind besonders für die Nutzung als eBook auf Tablet-PCs, eBook-Readern und Smartphones geeignet. *Essentials* sind Wissensbausteine aus den Wirtschafts-, Sozial- und Geisteswissenschaften, aus Technik und Naturwissenschaften sowie aus Medizin, Psychologie und Gesundheitsberufen. Von renommierten Autor*innen aller Springer-Verlagsmarken.

Simon Jakobs

Kommunalwahlkämpfe

Wahlverhalten, Planung und
Durchführung

 Springer VS

Simon Jakobs
Bochum, Deutschland

ISSN 2197-6708   ISSN 2197-6716 (electronic)
essentials
ISBN 978-3-658-44463-1   ISBN 978-3-658-44464-8 (eBook)
https://doi.org/10.1007/978-3-658-44464-8

Die Deutsche Nationalbibliothek verzeichnet diese Publikation in der Deutschen Nationalbibliografie; detaillierte bibliografische Daten sind im Internet über https://portal.dnb.de abrufbar.

© Der/die Herausgeber bzw. der/die Autor(en), exklusiv lizenziert an Springer Fachmedien Wiesbaden GmbH, ein Teil von Springer Nature 2024

Das Werk einschließlich aller seiner Teile ist urheberrechtlich geschützt. Jede Verwertung, die nicht ausdrücklich vom Urheberrechtsgesetz zugelassen ist, bedarf der vorherigen Zustimmung des Verlags. Das gilt insbesondere für Vervielfältigungen, Bearbeitungen, Übersetzungen, Mikroverfilmungen und die Einspeicherung und Verarbeitung in elektronischen Systemen.
Die Wiedergabe von allgemein beschreibenden Bezeichnungen, Marken, Unternehmensnamen etc. in diesem Werk bedeutet nicht, dass diese frei durch jedermann benutzt werden dürfen. Die Berechtigung zur Benutzung unterliegt, auch ohne gesonderten Hinweis hierzu, den Regeln des Markenrechts. Die Rechte des jeweiligen Zeicheninhabers sind zu beachten.
Der Verlag, die Autoren und die Herausgeber gehen davon aus, dass die Angaben und Informationen in diesem Werk zum Zeitpunkt der Veröffentlichung vollständig und korrekt sind. Weder der Verlag noch die Autoren oder die Herausgeber übernehmen, ausdrücklich oder implizit, Gewähr für den Inhalt des Werkes, etwaige Fehler oder Äußerungen. Der Verlag bleibt im Hinblick auf geografische Zuordnungen und Gebietsbezeichnungen in veröffentlichten Karten und Institutionsadressen neutral.

Planung/Lektorat: Jan Treibel
Springer VS ist ein Imprint der eingetragenen Gesellschaft Springer Fachmedien Wiesbaden GmbH und ist ein Teil von Springer Nature.
Die Anschrift der Gesellschaft ist: Abraham-Lincoln-Str. 46, 65189 Wiesbaden, Germany

Das Papier dieses Produkts ist recycelbar.

Was Sie in diesem *essential* finden können

- Einen Überblick über den Forschungsstand zu Wahlverhalten bei Kommunalwahlen
- Eine Auswahl wichtiger Aspekte und Elemente für Kommunalwahlkämpfe
- Möglichkeiten zur Analyse Ihrer Wähler:innenschaft und eine darauf aufbauende Ansprache

Vorwort

In diesem *essential* finden Sie einen Einblick in kommunales Wahlverhalten und Kommunalwahlkämpfe. Im vorliegenden Buch möchte ich mich vor allem an die individuellen Wahlkämpfer:innen richten, die Haustürbesuche machen, Wahlkampfstände planen und sich selbst um ein kommunales Mandat bewerben. Sollten Sie als Bürgermeister:in kandidieren, können Sie dieses Buch ebenfalls als Grundlegung nutzen.

Schwerpunkt dieses Buches bildet der Zeitpunkt, an dem Kandidat:innen für Kommunalwahlen ausgewählt und aufgestellt wurden und von dort aus ‚loslaufen' möchten. Einen kurzen Einblick in die Prozesse, Engagierte zu gewinnen, soll es ebenso geben. Denn: Ohne weitere Engagierte wird es schwer, die Listen zu füllen. Und selbst wenn alle Listenplätze besetzt sind, benötigen Sie dennoch weitere personelle Unterstützung, um die Erfolgschancen Ihres Wahlkampfes zu erhöhen.

Einige Teile dieses Buches sind an eigene Publikationen angelehnt. Diese habe ich überarbeitet und aktualisiert (z. B. Jakobs, 2023; Jakobs & Minas, 2022). Sie sind an den entsprechenden Stellen ausgewiesen. Ich hoffe, dass Ihnen die Lektüre einige Freude bereitet und vor allem dabei hilft, Ihren eigenen Kommunalwahlkampf zu gestalten.

Als Berater und Trainer bin ich nicht nur daran interessiert, weiter wissenschaftlich an meinen Themen zu arbeiten, sondern auch die direkte Rückkopplung aus der Praxis zu erhalten. Gerne können Sie mir Ihre Erfahrungen mit diesem Buch an simon.jakobs@die-mitgliederwerber.de senden. Ob Lob oder Kritik – beides ist herzlich willkommen.

Danken möchte ich an dieser Stelle noch Nadja Pfeiffer und Marius Minas, die mich tatkräftig beim Lektorat dieses Buches unterstützt haben. Viola Pfeiffer danke ich für die vielen konstruktiven inhaltlichen Beiträge. Weiter danke ich dem Springer Verlag sowie insbesondere Herrn Dr. Treibel für die wie immer gute Zusammenarbeit.

Damit bleibt mir nur noch, Ihnen viel Vergnügen bei der Lektüre zu wünschen!

Bochum   Dr. Simon Jakobs
10.12.2023

Inhaltsverzeichnis

Kommunalwahlen gelten in der Forschung als sogenannte Nebenwahlen bzw. als Second-Order-Elections. Das heißt, dass Wähler:innen ihnen eine deutlich geringere Aufmerksamkeit zukommen lassen als Bundestagswahlen oder auch Landtagswahlen. Das sehen Sie nicht zuletzt auch in den (teilweise deutlich) niedrigeren Wahlbeteiligungen bei Kommuanlwahlen, Bürgermeister:innen- und Landrät:innenwahlen.

Leider wissen wir über kommunales Wahlverhalten aus der Forschung relativ wenig. Etwas polemisch könnte man sagen, dass sich die Forschung ähnlich wenig für Kommunalwahlen interessiert wie die Wähler:innen. Dennoch soll das vorliegende *essential* Ihnen einige Befunde aus der Kommunalwahlliteratur liefern, die Sie für Ihren eigenen Wahlkampf gewinnbringend nutzen können. Kap. 2 leitet dazu in bewährte Ansätze der Erklärung von Wahlverhalten ein. Aus diesen wiederum können wir ermitteln, warum bzw. aus welchen Gründen Wähler:innen ihre Wahlentscheidung treffen. Wichtig für Sie ist das daher, da Sie damit auf Schlüsselaspekte der Wahlentscheidung reagieren können. Kap. 3 bricht die Erkenntnisse zu Wahlverhalten dann auf Kommunalwahlen herunter und versucht, in der gegebenen Kürze, eine Sammlung aller wesentlichen Erkenntnisse für deutsche Kommunalwahlen zu präsentieren. Die neuere Literatur zum Thema zeigt, dass Wahlsysteme mit geschlossenen Listen über höhere Wahlbeteiligungen bei Kommunalwahlen verfügen als Wahlsysteme mit freien bzw. offenen Listen. „Dies bestätigt Vermutungen einer stärkeren Rolle der Parteien und deren effektiver Mobilisierung in Wahlsystemen mit geschlossenen Listen ebenso wie Argumente bezüglich der höheren Komplexität von freien Wahllisten mit Kumulieren und Panaschieren" (Graeb & Bernhagen, 2023, S. 19). Eine gute Definition der Begriffe bietet die Webseite www.wahlrecht.de:

S. Jakobs, *Kommunalwahlkämpfe*, essentials,
https://doi.org/10.1007/978-3-658-44464-8_1

„Unter Kumulieren (von lat. cumulus – Haufen) oder auch Häufeln versteht man die Möglichkeit bei Personen-Mehrstimmenwahlsystemen, mehrere Stimmen auf einen Kandidaten abgeben zu können, um dessen Position innerhalb einer offenen Liste zu verbessern" und: „Panaschieren ist die Möglichkeit bei Personen-Mehrstimmwahlsystemen mit freier Liste seine Stimmen auf Kandidaten verschiedener Listen zu verteilen". Bei geschlossenen Listen können Wähler:innen ihre Kreuze nur bei der gesamten Liste setzen, bei offenen bzw. freien Listen lassen sich die Kreuze selbst verteilen.

Egal, über welches Wahlsystem Sie verfügen, die persönliche Bekanntheit scheint in beiden wichtig zu sein, jedoch mit unterschiedlichen Stärken (Graeb & Vetter, 2023, S. 18).

Kap. 4 bildet dann den Hauptteil des Buches. Dort werden einige Strategien und Taktiken vorgestellt, wie Sie Ihren Wahlkampf führen können. Es beginnt mit einem kurzen Abriss zur Kandidat:innenauswahl und zur SWOT-Analyse[1], die Sie unabhängig davon, ob Sie als parteilose:r Einzelbewerber:in oder mit einer Partei im Team antreten, unbedingt durchführen sollten. Weiter geht es dann mit dem Thema, wie Sie Engagierte gewinnen sowie Ihr Wahlkampfteam aufbauen können. Auch als Einzelbewerber:in sollten Sie sich Unterstützung im Freund:innen- und Bekanntenkreis holen. Danach werden die Macht der Sprache beleuchtet sowie Tipps gegeben, wie Sie Inhalte erstellen können und diese zielgerichtet kommunizieren können. Zuletzt folgen Abschnitte zum Wahlkampf über die sozialen Medien und den Haustürwahlkampf, den Sie für die Kommunalwahlen als essenziell betrachten können.

Weniger relevant sind hier die klassischen Wahlkampf- und Infostände. Dazu nur ein genereller Hinweis: Wenn Sie Infostände planen und aufbauen, gestalten Sie diese offen und beteiligungsorientiert. Nichts schreckt mehr ab als ein Infostand, hinter dem sich die Wahlkämpfer:innen einigeln und nur mit sich selbst sprechen. Nutzen Sie Wand- oder Bodenzeitungen, Pinnwände und Klebepunkte, Themenwürfel oder ähnliches, mit denen Sie den klassischen Infostand auflockern und Menschen eine direkte Möglichkeit zur Partizipation bieten können.

---

[1] Mit dieser Analyse können Sie Ihre eigenen Stärken, Schwächen, Chancen und Risiken sowie die Ihres Teams untersuchen.

Theorien und Modelle der Wahlforschung

2

Bevor kommunales Wahlverhalten und der Forschungsstand dazu in Kap. 3 erläutert werden sollen, sind an dieser Stelle einige Ansätze der Wahlforschung zu präsentieren, mit denen sich die Politikwissenschaft maßgeblich beschäftigt. Dabei gilt es auch, mit einigen Mythen aufzuräumen sowie aktuelle Erkenntnisse zu den ‚alten' Ansätzen der Wahlforschung zu skizzieren, die teilweise verblüffende Aktualität bieten.

2.1 Der mikrosoziologische Ansatz

Im mikrosoziologischen Ansatz des Wählens, der von Lazarsfeld et al. (1944) begründet wurde, wurde vor allem der soziale Status (bzw. exakter: die soziale Lage) von Wähler:innen zum Ausgangspunkt ihres Wahlverhaltens gemacht. Der berühmte Satz aus dem Buch lautet dabei: „A person thinks, politically, as he is, socially. Social characteristics determine political preference" (Lazarsfeld et al., 1944, S. 27)[1]. Man könnte sich nun anmaßen zu sagen, dass dies einer der Sätze ist, die am häufigsten a) aus ihrem Kontext gerissen und b) falsch interpretiert werden. Es geht den Autor:innen *gerade nicht* darum, Wähler:innen als sozial determiniert zu bezeichnen (Schoen, 2014, S. 171). Was die Autor:innen auf

---

[1] Kritisch dazu äußert sich Oscar W. Gabriel. Er schreibt, dass diese Feststellung der Autor:innen „bereits durch die Ergebnisse ihrer eigenen Studie widerlegt [wurde], insbesondere durch die Erkenntnisse über die Parteipräferenzen verschiedener sozialer Gruppen", siehe Gabriel (2023, S. 412).

S. Jakobs, *Kommunalwahlkämpfe*, essentials,
https://doi.org/10.1007/978-3-658-44464-8_2

Basis ihrer Untersuchungen annehmen, ist, dass „Personen in der gleichen sozialen Lage ähnliche Bedürfnisse und Interessen entwickelten und daher ähnliches
Wahlverhalten an den Tag legten" (Schoen, 2014, S. 171). Mit Blick auf das
Modell des *homo sociologicus* (Dahrendorf, 2006) entwickeln Menschen Einstellungen und politische Präferenzen aus ihrem sozialen Umfeld heraus. Dass
das soziale Umfeld über eine individuelle Entscheidung durchaus mitbestim-
men kann, zeigt auch die Theorie des geplanten Verhaltens in der Psychologie
(siehe Ajzen, 1991; Ajzen, 2005). Je stärker Menschen mit unterschiedlichen
Präferenzen hinsichtlich einer Wahlentscheidung in ihrem sozialen Umfeld kon-
frontiert sind, je später ihre tatsächliche Wahlentscheidung, so die Annahme von
Lazarsfeld et al. (1944, 52 ff.). Als klassisches, etwas klischeehaftes Beispiel
dient der männliche Arbeiter, der sonntags den Gottesdienst besucht. Sozial steht
er damit zwischen Sozialdemokrat:innen und Christdemokrat:innen. Wenn diese
sogenannten *Cross-Pressures* auf Wähler:innen wirken, steigt auch die Chance
zur Wechselwahl oder gar zur Nichtwahl, so eine weitere Annahme (Schoen,
2014, S. 178).

Lange ging man davon aus, dass Menschen *eine einzige* Parteiidentifika-
tion ausbilden, die über den Verlauf eines Lebens stabil bleibt und in der
Primärsozialisationsphase erworben wird. Mittlerweile zeigt sich aber, dass Menschen sich auch mit mehreren Parteien gleichzeitig identifizieren können (siehe
Mayer, 2017; Mayer & Schultze, 2017). Ob wir uns damit von den typischen
Stammwähler:innen gänzlich verabschieden sollten, steht noch nicht zur Debatte.
Als Wahlkämpfer:innen sollten Sie sich aber bewusst darüber sein, dass Ihre
potenziellen Wähler:innen durchaus zwei oder mehreren Parteien gleichermaßen
zuneigen können[2].

Basierend auf den Erkenntnissen von Lazarsfeld et al. (1944) zeigt sich eine
Annahme der Autor:innen als besonders stabil über die Zeit: Menschen können
andere Menschen dazu bewegen, die politischen Lager zu wechseln. Als Wahl-
kämpfer:innen können Sie sich dabei drei Effekte der Wahlkampfkommunikation
zunutze machen: 1) die Indifferenten zu aktivieren, 2) die Verbindung zu Ihrer
Partei zu stärken und 3) die Unentschiedenen zu ‚konvertieren' (Antunes, 2010,

---

[2] Ein gutes, wenn auch plakatives, aber dafür sehr illustratives Beispiel dafür lieferte Marius
Minas bei der Korrektur dieses Textes. Er schreibt, dass die Parteiwahl auch davon abhängt,
welche Probleme und Wertorientierungen gerade bei dem/der Wähler:in überwiegen. Der
bzw. die Arbeiter:in, der die regelmäßig die Kirche besucht, tendiert vermutlich zur Sozi-
aldemokratie, wenn er auf staatliche Hilfen und Unterstützung hofft, oder auf einen höheren
Mindestlohn. Wenn er oder sie jedoch glaubt, dass durch Migration die Chancen auf dem
Arbeitsmarkt für ihn verringert werden, mag er wiederum der CDU oder CSU zuneigen, die
einen ‚härteren' Standpunkt in der Migrationspolitik vertritt als die SPD.

S. 148). Dazu finden Sie in Abschn. 4.5 dieses Buches noch weitere Informationen, wenn es um den Haustürwahlkampf geht. Aber Achtung: Konzentrieren Sie sich nicht zu sehr darauf, Parteianhänger:innen anderer Parteien konvertieren zu wollen oder zu können. Klein et al. (2019) zeigen dazu in ihrer Analyse der Wahlentscheidung zur Bundestagswahl 2017, dass Konversionen nur im niedrigen einstelligen Prozentbereich ermittelt werden können. Mobilisieren Sie also diejenigen, die Ihnen bereits zugeneigt sind oder sich dies prinzipiell vorstellen können.

2.2 Der makrosoziologische Ansatz

Was der mikrosoziologische Ansatz zwar erklären kann, ist, dass Menschen aus ähnlichen sozialen Lagen dieselben politischen Akteur:innen oder Parteien wählen. „Jenseits seines Horizonts liegt jedoch die Frage, warum bestimmte Interaktionspartner bestimmte Parteipräferenzen aufweisen" (Schoen, 2014, S. 180), warum zum Beispiel, so Schoen (2014, S. 180), Arbeiter:innen in Deutschland tendenziell SPD wählen. Das wiederum kann der makrosoziologische Ansatz erklären, der in der Wahlforschung genutzt wird, wenngleich er eigentlich genuin nicht aus dieser stammt[3]. Als wegweisend gilt dazu ein Beitrag von Lipset und Rokkan (1967), in dem die Autoren ein *Freezing,* also ein Einfrieren und damit ein Stabil-Bleiben westeuropäischer Parteiensysteme von den 1920er bis zu den 1960er Jahren erkannten. Parteiensysteme waren für sie nichts anderes „als Produkte eines langen historischen Modernisierungsprozesses" (Detterbeck, 2021, S. 23), die unterschiedliche gesellschaftliche Interessen organisierten. Aus den nationalstaatlichen Revolutionen bereits des 16. Jahrhunderts sowie der industriellen Revolution des 18. sowie des 19. Jahrhunderts entwickelten sich Gegensatzpaare von soziokulturellen Identitäten auf der einen und sozioökonomischen Interessen auf der anderen Seite. Bei den soziokulturellen Identitäten stehen sich die Konfliktpole Kirche versus Staat sowie Zentrum versus Peripherie gegenüber; aufseiten der sozioökonomischen Interessen sind es die Gegensatzpaare zwischen Stadt versus Land sowie Arbeit versus Kapital, die Lipset und Rokkan ermittelten. Auch heute noch relevant für die Parteien- und Wahlforschung bleiben vor allem die Konfliktlinie Kirche versus Staat mit Blick auf die soziokulturellen Identitäten und die Konfliktlinie Arbeit versus Kapital mit Blick auf die sozioökonomischen Interessen, die sich regelmäßig noch (in modernisierter) Form in der Analyse von Wahlprogrammen finden lassen (siehe z. B.

---

[3] Dieser Abschnitt basiert teilweise auf Jakobs (2021) sowie auf Jakobs und Schwab (2023).

Jakobs & Jun, 2018 sowie Minas et al., 2023). Die Konfliktlinie Kirche versus Staat lässt sich – ganz grob gesprochen – in den Gegensätzen zwischen konservativen Parteien und liberalen Parteien erkennen[4]. Die Konfliktlinie Arbeit versus Kapital bedingte auf der einen Seite die Ausformung sozialdemokratischer Parteien in der Folge der Arbeiter:innenbewegungen, während die Kapitalseite in stärker unternehmerfreundlichen Parteien zu finden ist[5].

Der makrosoziologische oder auch Cleavage-Ansatz ist dabei nicht als historisches Überbleibsel zu betrachten, sondern wird durchaus fortentwickelt (Wiesendahl, 2013, S. 26). Das von Lipset und Rokkan (1967) angenommene *Freezing* der Parteiensysteme entlang der entwickelten Konfliktlinien wurde „durch eine Wandlungsperspektive verdrängt" (Wiesendahl, 2013, S. 26). Einige Autor:innen sehen dabei seit einiger Zeit auch neue Konfliktlinien wie diejenige zwischen Ökonomie und Ökologie (Holtmann, 2012, S. 41) sowie hinsichtlich des Aufkommens rechtspopulistischer Parteien auch diejenige zwischen Kosmopolitismus und Nationalismus (Wiesendahl, 2022, S. 392).

2.3   Der individualpsychologische Ansatz

Die soziologischen Ansätze des Wählens, die in den vorangegangenen Abschnitten vorgestellt wurden, wirken zwar intuitiv richtig, haben aber einige Probleme in der korrekten Vorhersage von Wahlverhalten. Als stabiler hat sich das individualpsychologische Modell des Wählens herausgestellt, das nach seinem Entwicklungsort auch Ann-Arbor-Modell bzw. Michigan-Ansatz benannt wurde. Dazu ist auch die spezifische Genese des Modells zu betrachten: Der in Abschn. 2.1 vorgestellte Ansatz von Lazarsfeld et al. (1944) erschien nur zehn Jahre vor dem ersten Modell der Michigan-Forscher:innen und 16 Jahre vor deren Erweiterung des Modells (siehe Campbell et al., 1954; Campbell et al., 1960). Damals „schien die empirische Wahlforschung darauf festgelegt, Wahlverhalten mit soziodemographischen Merkmalen zu erklären" (Schoen & Weins,

---

[4] Für Deutschland ist darauf hinzuweisen, dass die CDU/CSU nicht als Lehrbuchbeispiel *konservativer* Parteien dienen können, sondern hier die (immer noch existente) Zentrumspartei zu nennen wäre.

[5] Sehr schön deutlich wird das übrigens mit Blick auf die Reform des Betriebsverfassungsgesetzes von 1972 sowie mit Blick auf das Mitbestimmungsgesetz von 1976, bei dem auch die Gewerkschaften auf der Arbeiter:innenseite und die Arbeitgeberverbände auf der Kapitalseite deutlich unterschiedliche Positionen vertraten und die verschiedenen Pole auf dieser gesellschaftlichen Konfliktlinie nicht nur durch die Parteien selbst lautstark vertreten wurden, siehe dazu Borgmann (1987).

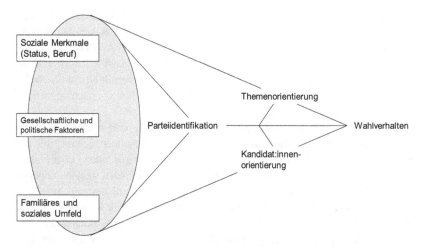

Abb. 2.1   Der Funnel of causality im Michigan-Modell. (Quelle: Eigene Darstellung)

2014, S. 243), also der berühmte, oben schon genannte Satz: „A person thinks, politically, as he is, socially. Social characteristics determine political preference" (Lazarsfeld et al., 1944, S. 27). Campbell und Kolleg:innen haben dabei vor allem die These entwickelt, dass Wahlverhalten mit Parteiidentifikation, aber auch mit Wahrnehmungen von Kandidat:innen und Themen einhergeht. Daraus lässt sich wiederum der *funnel of causality* bilden, der die Entscheidung zur Wahl einer Partei mithilfe dieser (und weiterer Faktoren) erklärt. Ein Modell dieses Kausalitätstrichters ist in Abb. 2.1 dargestellt.

In diesem Trichtermodell (siehe zu alternativen Modellen beispielsweise Schultze, 2016, S. 17) wird postuliert, dass soziale Merkmale wie der soziale Status, der Beruf, aber auch das Geschlecht oder das Alter gemeinsam mit dem familiären und sozialen Umfeld sowie gesellschaftlichen und politischen Kontextfaktoren die Wahlentscheidung in einem vorgelagerten Prozess bedingen. Aus ihnen entwickele sich vor allem in der Phase der Primärsozialisation die *eine* Parteiidentifikation, so die ursprüngliche Annahme. Aber auch Gruppen-bindungen und Gruppendruck, wie weiter oben dargestellt, haben dem Modell zufolge einen Einfluss auf diese Parteiidentifikation. Doch es sei eben nicht einzig diese Parteibindung, die die Wahlentscheidung maßgeblich beeinflusse, sondern könne, wie in Abb. 2.1 dargestellt, deutlich durch die Themen- und Kandidat:innenorientierung beeinflusst werden. Mit dem Trichter wird aber auch verfolgt, die zeitliche Komponente vor dem Wahltag einzufassen. Je näher also die Wahlentscheidung rückt, desto stärker die Wirkung der Kandidat:innen- und Themenorientierung, was freilich auch daran liegen mag, dass vor den Wahlen die mediale Aufmerksamkeit für diese steigt, inklusive der Werbung durch die Parteien selbst. Die Autor:innen des Ann-Arbor-Modells „nutzen den Trichter als Metapher, um zu zeigen, dass eine Vielzahl an Einflüssen vermittelt auf das Wahlverhalten wirken, die sozialpsychologischen aber die zeitlich am nächststehenden sind" (Schultze, 2016, S. 17).

Zwar dient das Michigan-Modell der Wahlforschung immer noch als das beste Erklärungsmodell von Wähler:innenverhalten, es erhält jedoch auch Kritik aus der Forschung. So mag die Kandidat:innenorientierung vor allem in präsidentiellen Systemen wie den USA überzeugen, in Vielparteiensystemen hingegen wurde schon früh ermittelt, dass sich multiple Parteiidentifikationen ausbilden können (Gabriel & Keil, 2014, S. 845–846). Die Existenz dieser multiplen Parteiidentifikationen ist vor allem für Sie als Leser:innen dieses Buches relevant: So zeigt die neuere Forschung, dass Menschen durchaus mehr als einer Partei zuneigen können, wie oben bereits genannt. Der Beitrag von Mayer (2019) zeigt deutlich, dass etwa die Hälfte derjenigen, die sich als Anhänger:innen irgendeiner Partei bezeichnen lassen, eine Bindung an zwei oder drei Parteien aufweist. Auch von einer negativen Parteiidentifikation ist mittlerweile in der Forschung die Rede, also die starke Ablehnung einer Partei. Wer beispielsweise eine negative Parteiidentifikation gegenüber der SPD oder den Grünen aufweist, wählt deutlich wahrscheinlicher die AfD als diejenigen Wähler:innen, die eine negative Parteiidentifikation gegenüber der CDU haben (Vehrkamp & Bischoff, 2022, S. 78). Dennoch darf trotz aller Kritik und Einschränkungen der Personalisierungsthese (siehe zu einem sehr guten Überblick z. B. Raupp, 2020) nicht ignoriert werden, dass Kandidat:innen durchaus einen deutlichen Unterschied für die Wahlentscheidung machen können (Smolka & Stark, 2022, S. 19–23).

Ein weiterer bemerkenswerter Befund, nun mit Blick auf die Kandidat:innenorientierung, ist die Wirkung von Attraktivität. Wie z. B. Gaßner et al. (2019) sowie Masch et al. (2021) zeigen, erhöht die Attraktivität von Kandidat:innen den Wähler:innenstimmenanteil. Damit lässt sich fragen, ob der im Folgenden darzustellende Rational-Choice-Ansatz überhaupt noch eine Berechtigung hat, zeigt die Forschung doch, dass Wähler:innen häufig *gerade nicht* rational entscheiden. Aus diesem Befund heraus müssten Sie als Leser:innen dieses Buches eher die Themen ihrer Partei bzw. Kandidatur in den Vordergrund stellen.

2.4 Der Rational-Choice Ansatz

Der Rational-Choice-Ansatz des Wählens geht auf Anthony Downs (1957) und seine *Economic Theory of Democracy* zurück. Downs nimmt an, dass Wähler:innen nach den sogenannten *utility incomes,* die sie erwarten, wählen, also die Partei oder die Kandidat:innen, von denen sie sich die größten individuellen Verbesserungen für sich selbst erwarten. Grundlegendes Modell ist dabei dasjenige des *homo oeconomicus,* also des Nutzenmaximierers (Downs, 1957, S. 36). Downs nimmt weiter ein Parteiendifferential an, bei dem Wähler:innen unterschiedliche Parteien gegeneinander abwägen und sich für diejenige entscheiden, deren zukünftiges Regierungshandeln ihnen die meisten Vorteile bringt (Downs, 1957, S. 39). Kommen Wähler:innen zu keinem Ergebnis, dass irgendeine Partei ihnen Vorteile bringen würde, so erklärt sich dadurch die Nichtwahl im Rational-Choice-Modell. Problematisch wird der Ansatz aber bereits dann, wenn er erklären soll, warum Menschen *überhaupt* wählen: Da die einzelnen Wähler:innen ja wissen, dass ihre Stimme nur eine unter sehr vielen ist, ist die Wahrscheinlichkeit, dass die eigene Stimme einen wahlentscheidenden Ausgang nehmen kann, äußerst gering (Arzheimer & Schmitt, 2014, S. 351). Downs behilft sich hier mit einem kleinen ‚Trick‘, wenn er angibt, dass die Kosten der Informationsbeschaffung (also die geflissentliche Lektüre aller Wahlprogramme zur Ermittlung des Parteiendifferentials) selbstverständlich nicht mit dem Nutzen aus der eigenen Stimme einhergingen; so sei es denn auch, dass Wähler:innen nur diejenigen Informationen nutzen, die keine Kosten in der Beschaffung verursachen, wie Gespräche mit Freund:innen und Bekannten über Politik oder der Blick auf Wahlplakate (Arzheimer & Schmitt, 2014, S. 351).

Lüdemann (2001, S. 63) kommt hierbei zu dem Schluss, dass nur sehr stark modifizierte Rational-Choice-Modelle Wahlentscheidungen erklären könnten. Ergänzt werden muss aber auch, dass der Ansatz häufig in der Forschung per se abgelehnt wird; das wiederum führt dazu, dass er kaum empirisch erprobt wurde (Cabarello, 2014, S. 454). Nach aktuellem Forschungsstand können wir aber sagen, dass Wählen nicht vollständig rational abläuft. Somit sollten Sie also insbesondere auf den individualpsychologischen Ansatz des Wählens blicken bzw. diesen zum Ausgangspunkt nehmen, zumindest in der Wahlkampf*praxis*.

Was wir über das Wahlverhalten bei Kommunalwahlen wissen

3

Da Sie nun über die allgemeinen Erklärungsansätze zur Wahl Bescheid wissen, kommt hier der wohl interessante Teil für Sie: Die Beantwortung der Frage danach, was über das Wahlverhalten bei Kommunalwahlen bekannt ist. Bedauerlicherweise muss man dazu sagen: recht wenig. Kommunalwahlen gelten als wenig erforscht. Die letzte größere Publikation zum Thema stammt von Gabriel et al. (1997) und untersucht das Wahlverhalten bei Kommunalwahlen in Stuttgart. Die erste wesentliche Feststellung, die heute noch Gültigkeit besitzt, ist diejenige, dass die Wahlbeteiligung bei Kommunalwahlen regelmäßig deutlich geringer ist als bei Bundestagswahlen (Gabriel, 1997, S. 166). Sie werden daher auch *second-order-elections* oder Nebenwahlen in der Literatur genannt.

> „Insbesondere die beiden großen Volksparteien stoßen bei dem Bemühen, ihre Wähler zur Stimmabgabe bei Kommunalwahlen zu mobilisieren, auf Schwierigkeiten. […] Ein Teil der Wähler bleibt ihnen aus Desinteresse fern, ein anderer Teil nutzt sie als Gelegenheit, den etablierten Parteien einen Denkzettel zu verpassen" (Gabriel, 1997, S. 167).

Unterschiede zwischen den Wahlergebnissen, nicht hinsichtlich der Wahlbeteiligung, sondern der Parteienwahl, erklären sich auch durch die Möglichkeit des Kumulierens und Panaschierens (Gabriel, 1997, S. 167). Kumulieren und Panaschieren macht Wählen nicht nur komplizierter, hinzukommt, dass es auch nicht in jedem Bundesland genutzt wird. Länder wie Baden-Württemberg oder Bayern kennen das Verfahren, Nordrhein-Westfalen hingegen oder auch das Saarland beispielsweise setzen auf geschlossene Listen. Wähler:innen wählen dabei also nur mit einer Stimme eine Liste, über deren Kandidat:innenaufstellungen die Parteien

S. Jakobs, *Kommunalwahlkämpfe*, essentials, https://doi.org/10.1007/978-3-658-44464-8_3

bereits vorher entschieden haben. Weiter werden bei manchen Kommunalwahlen die Bürgermeister:innen und Oberbürgermeister:innen zeitgleich zu den kommunalen Parlamenten gewählt. Und nicht zuletzt gibt es noch ‚Zusatzparlamente‘, deren Sinn sich den Wähler:innen nicht per se erschließen dürfte. Wohnen Sie beispielsweise in der ehemals eigenständigen Stadt Wattenscheid, die mittlerweile zu Bochum gehört, erhalten Sie zu Kommunalwahlen bis zu fünf Stimmzettel: einen für den/die Oberbürgermeister:in, einen für den Rat der Stadt Bochum, einen für die Bezirksvertretung, einen für das Ruhrparlament und einen für den Integrationsrat, wenn Sie bestimmte Voraussetzungen erfüllen. Dieses Geflecht aus verschiedenen Wahlzetteln gilt es in der Wahlkabine erst einmal zu entwirren – geschweige denn, darüber Bescheid zu wissen, was oder wen Sie dort eigentlich wählen. Alle Kommunalwahlforschung muss also, noch mehr als die Bundestagswahlforschung oder die Landtagswahlforschung, berücksichtigen, dass allein die Komplexität des Wahlrechts zu einem veränderten Wahlverhalten führen kann und politisches (Un)Wissen der Wähler:innen die Wahl beeinflusst.

Das zeigt auch der Beitrag von Vetter (1997) zu Kommunalwahlen in Stuttgart: 64,1 % der Befragten waren in der Lage, mindestens eine:n Kommunalpolitiker:in beim Namen nennen zu können; nur noch 26,4 % konnten zwei oder mehr Politiker:innen nennen (Vetter, 1997, S. 25). 35,9 % der Befragten konnten niemanden nennen (Vetter, 1997, S. 26). Zwar können Wähler:innen auch bei kommunalen Themen klar benennen, welche von diesen ihnen wichtiger oder weniger wichtig erscheinen und dann auch eine Einschätzung vornehmen, welche Partei ihrer Meinung nach diese Themen am besten bearbeiten könnte. Jedoch erklärt die Parteineigung insgesamt deutlich besser das Wahlverhalten als die Orientierung an Themen mit der zugeschriebenen Lösungskompetenz für diese (Busch, 1997, S. 194) – zumindest für das Beispiel Stuttgart. Hier urteilt der Autor, dass ein eigenständiges kommunales Wahlverhalten nur sehr eingeschränkt angenommen werden dürfte (Busch, 1997, S. 201).

Häufig zirkuliert bei der Einschätzung von Wahlverhalten zu Kommunalwahlen jedoch sowohl in Forschung als auch in der Praxis die Annahme, dass kommunales Wahlverhalten viel stärker durch die Kandidat:innenorientierung als durch Themenorientierung oder Parteiidentifikation erklärt werden könne. Dazu gilt es wieder, einige Voraussetzungen zu beachten: So müssen die Kandidat:innen für Stadt- oder Gemeinderäte erst einmal überhaupt bei den Wähler:innen bekannt sein, was nach den oben präsentierten Zahlen aus der Stuttgarter Studie nicht angenommen werden kann. Zweitens ist dann wieder zu hinterfragen, ob das auch für kommunale Wahlsysteme gilt, in denen nur starre Listen gewählt werden können. Und drittens ist dann noch auf besser ‚beworbene‘ Wahlen innerhalb der Kommunalwahlen hinzuweisen, vorrangig Bürgermeister:innen- bzw.

Oberbürgermeister:innenwahlen. Hierzu stellt Gehne (2008, S. 277) fest, dass die Parteibindung zwar immer noch wichtig ist, dass aber die lokale Bekanntheit und die Verwaltungskompetenz der Kandidat:innen im Verhältnis zur Parteineigung wichtiger für die Wahlentscheidung wird. Auch zeigt der Autor auf, dass bisherige Amtsinhaber:innen eine sehr hohe Wiederwahlquote aufweisen konnten (Gehne, 2008, S. 68), wahrscheinlich auch deswegen, weil sie über eine gewisse lokale Bekanntheit verfügen.

Doch auch bei Kommunalwahlen, in denen es um die Räte und nicht um die Bürgermeister:innen geht, scheint der Kandidat:inneneffekt vorhanden zu sein. Nyhuis (2016, S. 664–665) kann vor allem für die FDP sowie die ÖDP in Baden-Württemberg Hinweise darauf finden, dass diese Parteien insbesondere aufgrund der Kandidat:innenorientierung vonseiten der Wähler:innen gewählt wurden. Das könnte seiner Analyse nach auch für die anderen Parteien zutreffen, ist aber aufgrund der Datenlage, die dem Autor vorlag, nicht abschließend zu ermitteln (Nyhuis, 2016, S. 665). Im Übrigen macht dies auf das große Problem bei der Bestimmung kommunalen Wahlverhaltens aufmerksam: Es fehlen die Individualdaten, zumeist liegen nur Aggregatdaten vor, und letztere sind mit klaren Beschränkungen versehen. Lassen Sie mich Ihnen zur Unterscheidung von Individual- und Aggregatdaten ein sehr vereinfachtes Beispiel geben: Nehmen wir an, dass im Saarland 50 % der Wähler:innen katholisch sind. Aus empirischen Studien wissen wir, dass Katholik:innen eher die CDU wählen. Nehmen wir dann an, dass bei einer Wahl im Saarland 50 % der Wähler:innen die CDU gewählt haben. Klar, würden Sie jetzt vielleicht schon einwerfen, das waren bestimmt die ganzen katholischen Wähler:innen! Das können wir aber aus diesen Daten nicht ermitteln, denn theoretisch könnte es auch sein, dass *niemand* der katholischen Wähler:innen die CDU gewählt hat. Freilich können wir uns in der Forschung auch bei Aggregatdaten noch mit den ein oder anderen statistischen Methoden behelfen, doch bleiben sie letztlich immer limitiert darauf, nicht das individuelle Wahlverhalten bestimmen zu können.

So können zwar auch Stoiber und Egner (2008, S. 309) zusammenfassen, dass sich Amtsinhaber:innenboni bei Bürgermeister:innenwahlen begründet vermuten lassen, weisen aber auch darauf hin, dass konkrete Zusammenhänge zwischen den einzelnen Faktoren des Wahlverhaltens und dem tatsächlichen Wahlverhalten letztlich nur mit Individualdaten ermittelt werden können. Holtkamp und Garske (2020, S. 55) schränken diesen Amtsinhaber:innenbonus mit ihrer bundesweiten Analyse jedoch ein wenig ein, da sie zeigen, dass neue Kandidaturen vor allem in Kleinstädten durch Amtsinhaber:innen mit leichter Tendenz ‚abgeschreckt' werden. Bei Bürgermeister:innenwahlen, bei denen es also nur eine:n Kandidat:in gibt, können wir natürlich nur konstatieren, dass ein äußerst großer

Amtsinhaberbonus vorlag – es gab ja auch gar keine Alternative, sondern nur die Wahl, zwischen ‚ja‘ oder ‚nein‘ zu stimmen. Insgesamt lässt sich jedoch schließen – diese Phänomene der Bürgermeister:innenwahl ohne Gegenkandidat:in mal beiseitegelassen – dass der Amtsinhaber:innenbonus umso stärker ist, „je weniger Kandidaturen zur Wahl antreten, je weniger Listen das lokale Parteiensystem prägen und je höher das Wahlergebnis der eigenen Partei bei den Kommunalwahlen ist" (Holtkamp & Garske, 2020, S. 55).

Abseits der Bürgermeister:innenwahlen ist für Kommunalwahlen leider noch weniger bekannt, was das Wahlverhalten betrifft. Für die bayerischen Kommunalwahlen 2020 können Pollex und Kolleg:innen zumindest zeigen, dass „mehr als die Hälfte der Stadtratsmitglieder wiedergewählt" (Pollex et al., 2021, S. 89) wurden, außer in München und Augsburg. Friedhoff et al. (2016) untersuchen in Bundesländern, in denen Kumulieren und Panaschieren möglich ist, wie sich die Wahl von Frauen und Männern unterscheidet und noch spezifischer, was ein Doktortitel ausmachen kann. Mit Daten aus 18 Großstädten mit mehr als 100.000 Einwohner:innen sowie 56 Kleinstädten mit Einwohner:innenzahlen zwischen 20.000 und 50.000 Menschen stellen Sie fest, dass ein Doktortitel auf dem Stimmzettel den relativen Wahlerfolg erhöht, sowohl bei Männern als auch bei Frauen (Friedhoff et al., 2016, S. 100) – und vor allem in Kleinstädten (Friedhoff et al., 2016, S. 101). In Kleinstädten zeigt sich aber auch, dass Männer, egal ob mit oder ohne Doktortitel, einen höheren Wahlerfolg verbuchen können als die Frauen (Friedhoff et al., 2016, S. 103). „Das könnte auch darin begründet liegen, dass Teile der Wählerschaft immer noch die Kompetenz von Politikerinnen stärker hinterfragen als die ihrer (männlichen) Kollegen und der Wählerschaft durch den [Doktor]Titel eine erhöhte Kompetenz beider Geschlechter signalisiert wird" (Friedhoff et al., 2016, S. 103). Auch hier gilt wiederum, dass Aggregatdaten verwendet wurden und Individualdaten fehlen. Man kann damit also schließen, dass der Doktortitel im Schnitt den Wahlerfolg erhöht, man weiß aber nicht, welche Wähler:innentypen die Wahlentscheidung treffen, den Titelträger:innen den Vorzug zu geben. Auch ist unklar, ob die relativen Wahlvorteile der Promovierten sich nicht auch aus anderen Eigenschaften wie Bekanntheit, Alter, Führungspositionen etc. ergeben können (Friedhoff et al., 2016, S. 104).

Wir wissen insgesamt also nicht viel. Mit Blick auf die Parteibindungen kann nicht von einer ‚Entpolitisierung‘ gesprochen werden im Sinne dessen, dass Parteieignungen bei Kommunalwahlen völlig irrelevant wären. Dass Kommunalwahlen maßgeblich Personenwahlen darstellen, wird durch bisherige Befunde gestützt. *Warum* aber die Wähler:innen die Personen wählen, die sie wählen, dafür gibt es immer noch keine Daten. Ob es nun Kompetenzzuschreibungen sind oder einfach nur die Bekanntheit – oder gar ein Doktortitel auf dem

Stimmzettel, der Lösungskompetenz suggeriert –, was davon nun die stärksten Effekte auf die Wahlentscheidung hat, ist unklar. Einziger Lichtblick ist eine Kurzanalyse von Malte Cordes und Kerstin Völkl, die eine der lange geforderten Analysen des Wahlverhaltens auf individueller Ebene für Kommunalwahlen in Nordrhein-Westfalen durchgeführt haben. Sie zeigen die hohe Orientierung von Wähler:innen an den Kandidat:innen, insbesondere bei den Bürgermeister:innen, aber stellen auch eine hohe Themenorientierung fest: „An den Aussagen zu politischen Sachfragen richteten 71 % der Befragten ihre Entscheidung aus und damit fast genauso viele wie an den Bürgermeisterkandidaten" (Cordes & Völkl, 2020, S. 2). Der Wahlkampf spielte lediglich für ein Viertel der Wähler:innen eine Rolle bei der Wahlentscheidung, die Parteibindung war hingegen für 41 % der Wähler:innen wichtig oder sehr wichtig für ihre Wahlentscheidung (Cordes & Völkl, 2020, S. 2). Hier muss jedoch beachtet werden, dass Bürgermeister:innen in Nordrhein-Westfalen zwar direkt gewählt werden können (aber auch erst seit 1999), dass aber für die Stadt- oder Gemeinderäte kein Kumulieren und Panaschieren möglich ist.

Gerade letzteres stellt ein Problem für die kommunale Wahlforschung dar, kombiniert mit der geringen Menge an verfügbaren Individualdaten. Für offene Listen, in denen Kumulieren und Panaschieren möglich ist, können Kommunalwahlen eher als Persönlichkeitswahlen gesehen werden; bei starren Listen hingegen ist das regelmäßig nicht der Fall (Graeb & Vetter, 2023, S. 5). Gleichzeitig stellen Graeb und Vetter (2023, S. 16) aber auch fest, dass mit der Komplexität des Wahlsystems auch die Wahrscheinlichkeit steigt, parteiorientiert zu wählen. Gerade Wahlsysteme mit Kumulieren und Panaschieren können schnell überfordernd wirken. In Frankfurt am Main konnten 2021 insgesamt 93 Stimmen vergeben werden, auf einem Wahlzettel, der 1,20 m breit war. Entscheiden Sie sich für die Listenwahl, kreuzen also eine Parteiliste an, ist das Verfahren denkbar einfach. Wollen Sie jedoch Ihr Recht in Hessen auf Kumulieren und Panaschieren nutzen, dann sollten Sie gut zählen: Beim 94. Kreuz wird der gesamte Wahlzettel nämlich ungültig. Ehrliches Mitleid drückt der Autor dieser Publikation den Wahlhelfer:innen aus, die die Zettel auszählen mussten. Weiter zeigen Graeb und Vetter (2023, S. 17) für Hessen übrigens, dass bei den Kreistagswahlen der Anteil an Wähler:innen steigt, die die Listenwahl nutzen, im Gegensatz zu den Gemeinderatswahlen. „Bei Kreistagswahlen ist das Wahlverhalten stärker parteiorientiert, weil die Distanz zwischen Kandidat*innen und Wähler*innen größer ist als auf der Gemeindeebene" (Graeb & Vetter, 2023, S. 17–18). Je kleiner Ihre Gemeinde also ist, je mehr sollten Sie darauf setzen, persönliche Bekanntheit gewinnen zu wollen. Als Schlusswort für dieses Kapitel soll auf die Kolleg:innen Graeb und Vetter verwiesen werden:

„Die Befunde auf der Individualebene unterstützen unsere Annahmen, dass eine persönliche Nähe der Bürger*innen zu den lokalen Kandidat*innen mit einer größeren Wahrscheinlichkeit mit kandidatenorientiertem Wahlverhalten verbunden ist. Wird das Wahlsystem der freien Listen als zu kompliziert erachtet, neigen Wähler*innen eher zu parteiorientiertem Wahlverhalten" (Graeb & Vetter, 2023, S. 18).

Kommunalwahlkämpfe planen und durchführen

4

Nachdem Sie nun einen Einblick darin erhalten haben, was wir über Wahlverhalten (zu Kommunalwahlen) wissen, können Sie Ihren Wahlkampf angehen. Nicht nur aus der Literatur, sondern auch aus der Beratungspraxis lässt sich sagen, dass Bekanntheit schaffen Ihr Kernanliegen sein sollte, ob Sie nun für ein Mandat im Gemeinde- oder Stadtrat antreten, als Bürgermeister:in oder als Landrät:in. Im Gegensatz zu Spitzenkandidat:innen für Landtags- oder Bundestagswahlen werden Sie deutlich weniger mediale Aufmerksamkeit erhalten, wenngleich Sie als Bürgermeisterkandidat:in oder gar als Oberbürgermeisterkandidat:in freilich zumindest das Interesse der lokalen Medien auf Ihrer Seite haben. Doch bei sinkenden Auflagenzahlen der lokalen Tageszeitungen scheinen auch hier die Wirkungen begrenzt. In einem *essential* wie diesem ist es letztlich nicht zu leisten, alle verschiedenen Möglichkeiten, Ihren Wahlkampf zu führen, zu erläutern. Daher soll hier eine Eingrenzung auf diejenigen Methoden und Möglichkeiten vorgenommen werden, die zum einen für jedes kommunale Mandat (1) leistbar erscheinen und zum anderen (2) Erfolge versprechen können. Dieses *essential* orientiert sich dabei an den Befunden, dass Kommunalwahlen zwar hinsichtlich der Parteibindungen der Wähler:innen nicht als vollständig entpolitisiert betrachtet werden sollten, aber doch wohl maßgeblich Ihre Person als Kandidat:in im Vordergrund stehen dürfte, flankiert von einigen prägnanten Themen, die Sie möglichst in Alltagssprache kommunizieren sollten. Gerade wenn Sie schon länger Mitglied einer Ratsfraktion sind, sollten Sie darauf achten, möglichst die *politische Sprache* des Rates von der *Alltagssprache* der Bürger:innen zu trennen. Allzu häufig begegnet dem Autor dieses Buches in der Beratung das Phänomen, dass Themen auf eine Art und Weise an die Bürger:innen kommuniziert werden,

S. Jakobs, *Kommunalwahlkämpfe*, essentials, https://doi.org/10.1007/978-3-658-44464-8_4

dass diese eigentlich der Fachsprache der Kommunalpolitik mächtig sein müssten, um die Anliegen der Kandidat:innen verstehen zu können. Gerade das sollten Sie aber tunlichst vermeiden!

4.1   Kriterien guter Kandidat:innen und die SWOT-Analyse

Gehen wir an dieser Stelle davon aus, dass die Kandidat:innenauswahl bereits abgeschlossen ist, die Listenplätze besetzt wurden und Sie gemeinsam mit Ihrer Partei, mit Ihrer Wähler:innenvereinigung oder als Einzelbewerber:in antreten. Spätestens jetzt sollten Sie in die strategische Vorbereitung einsteigen. Für Parteien und Wähler:innenvereinigungen sei aber hier, auch mit Blick auf die Kapitelüberschrift, noch eine kurze Vorbemerkung gestattet: Aus der Perspektive der einzelnen Kandidat:innen betreiben Sie im Vorfeld einer Wahl automatisch *Mikropolitik,* nutzen also „das Handwerkszeug an kleinen Gefälligkeiten, politischen Einflussnahmen und Argumentationen, die täglich in Unternehmen und Organisationen zum Einsatz kommen" (Oerder, 2015, S. 63). Sie versuchen also in aller Regel – und das ist hier wertfrei zu verstehen – Handlungen vorzunehmen, die Ihre Interessen fördern oder wahren sollen (Oerder, 2015, S. 63). Um dies gelingend zu erreichen, helfen die sogenannten *Politischen Fertigkeiten.* Sind Sie jetzt in der Position, dass Sie Kandidat:innen selektieren sollen, dann können Sie aus einer demokratischen Grundhaltung heraus freilich niemandem die Kandidatur verwehren. Sie wissen aber sicherlich auch, dass manche Kandidat:innen besser und manche schlechter geeignet wirken, um im Wahlkampf überzeugend aufzutreten und damit letztlich die Chancen auf den Wahlerfolg zu erhöhen. Geben Sie an dieser Stelle also zumindest den wohlgemeinten Ratschlag, die eigenen Politischen Fertigkeiten durch Trainings oder Seminare zu verbessern. Wenn Sie jetzt nicht in der Position sind, bei der Kandidat:innenauswahl mitzuentscheiden (oder, wie leider mittlerweile häufig, sich gar nicht genug Kandidat:innen finden lassen), sondern selbst als Kandidat:in für ein kommunales Amt oder Mandat antreten, dann möchte ich Ihnen den Ratschlag geben, selbst an Ihren Politischen Fertigkeiten zu arbeiten.

„Politische Fertigkeiten stellen ein Maß der sozialen Effektivität dar. Sie geben Menschen die Fähigkeit, die Komplexität ihrer sozialen Umwelt zu verstehen, die Motive anderer nachzuvollziehen und ihr Verhalten an gegebene Situationen anzupassen" (Oerder, 2015, S. 65). Weiter verhelfen Ihnen Politische Fertigkeiten dazu, andere Menschen zu beeinflussen, aber ohne, dass Sie dabei als egoistisch, gefühlskalt oder kalkuliert wirken (Oerder, 2015, S. 65).

Auch in der Führungskräfteforschung werden diese Fertigkeiten als sehr hilfreich betrachtet. Sie umfassen unter anderem die Fähigkeit, die Wünsche und Bedürfnisse anderer Menschen zu erkennen, auch wenn diese Ihnen nicht klar artikulieren, wie ebenjene Wünsche und Bedürfnisse lauten. Diese Fähigkeit, die auch „sozialer Scharfsinn" (Nerdinger et al., 2014, S. 88) genannt wird, hat also etwas mit Empathie, mit sozialer und emotionaler Intelligenz zu tun. Sie wird in Abschn. 4.5 dieses *essentials* noch relevant und zwar vor allem dann, wenn Sie in diesem Buch die Empfehlung lesen, in Gesprächen mit Wähler:innen mehr zuzuhören als selbst zu sprechen. Damit wiederum signalisieren Sie Wertschätzung und Anerkennung *und erhalten gleichzeitig Informationen von Ihrem Gegenüber, auf die Sie dann eingehen können.* Weiter gilt als politische Fertigkeit der interpersonale Einfluss, also „die Fertigkeit, andere zu bewegen, kurzfristig eigene Vorteile für das Wohl der Gruppe hintenanzustellen" (Nerdinger et al., 2014, S. 88). Eine nächste Fähigkeit betrifft, wie sehr Sie die sogenannte „dargestellte Ehrlichkeit" (Nerdinger et al., 2014, S. 88) aussenden können, also in der Lage sind, authentisch zu wirken und durch Ihr Auftreten Situationen so zu gestalten, dass Sie selbst daraus Vorteile ziehen können. Und nicht zuletzt gilt Ihre Handlungsflexibilität als Politische Fertigkeit, also ihre Kompetenz, sich unterschiedlichen Situationen anpassen zu können (Nerdinger et al., 2014, S. 88).

Wenn Sie persönliche Stärken oder Schwächen mit Blick auf die Politischen Fertigkeiten bei sich selbst erkennen können, können Sie diese in Ihre SWOT-Analyse überführen. SWOT steht für Stärken (Strengths), Schwächen (Weaknesses), Gelegenheiten (Opportunities) und Risiken (Threats). Mittels der ‚umgedrehten' Version, der TOWS-Analyse, kann man die einzelnen Elemente auch in umgekehrter Reihenfolge untersuchen (Pfister et al., 2019, S. 270). Eine solche Analyse ist dann als Vier-Felder-Matrix anzulegen, die Sie in der nachfolgenden Tab. 4.1 finden. Darin können Sie, gemeinsam mit anderen Genoss:innen bzw. Kolleg:innen aus ihrer Partei, eine Übersicht darüber schaffen, welche Schritte Sie basierend auf Stärken, Schwächen, Chancen und Risiken zuerst vornehmen sollten. In Tab. 4.2 ist dann eine erweiterte SWOT-Matrix zu finden, mit der Sie einen Transfer zwischen den vier einzelnen Elementen schaffen können.

Wenn über die SWOT-Analyse dann die IST-Situation analysiert ist, gilt es, die eigenen Aufträge festzusetzen bzw. diejenigen Aufträge zu verteilen, die im Team bearbeitet werden können, immer abhängig davon, ob Sie als Einzelperson antreten oder gemeinsam auf einer Liste für eine bestimmte Partei. Wenn Sie Ziele aus der Analyse ableiten, so können Sie diese als SMARTe Ziele formulieren. Hoffmann und Pfister (2019, S. 697) verstehen darunter, dass Ziele **s**pezifisch, **m**essbar, **a**ktiv beeinflussbar, **r**elevant (und **r**ealistisch!) sowie **t**erminiert formuliert werden. **Spezifisch** heißt, dass sie beschreiben sollten, welche Leistung Sie

Tab. 4.1 Die einfache SWOT-Analyse. (Quelle: Eigene Darstellung)

Stärken (Strengths)	Schwächen (Weaknesses)
Chancen (Opportunities)	Risiken (Threats)

Tab. 4.2 Erweiterte SWOT-Analyse. (Quelle: Eigene Darstellung)

Die SWOT-Analyse		Interne Analyse	
		Stärken (Strengths)	Schwächen (Weaknesses)
Externe Analyse	**Chancen** (Opportunities)	*Stärken,* *die Chancen ergehen*	*Schwächen,* *an denen für die Chancen gearbeitet werden muss*
	Risiken (Threats)	*Stärken,* *die Risiken minimieren*	*Schwächen,* *die risikoanfällig machen*

erreichen wollen, beispielsweise, dass Sie Bürger:innen in Haustürwahlkämpfen zur Wahl mobilisieren wollen. **Messbar** heißt, dass sich das Ziel überprüfen lassen soll. Wenn Sie sich als Ziel im Wahlkampf setzen, Haustürgespräche zu führen, können Sie sich auch direkt eine quantitative Marke setzen, wie viele Gespräche an Haustüren Sie konkret führen möchten. Weiter sollten Ziele im Sinne der **aktiven Beeinflussbarkeit** von Ihnen selbst erreicht werden können und nicht von anderen abhängig sein. Das ist beim Haustürwahlkampf insofern zu gewährleisten, als dass Sie selbst die Gespräche an den Haustüren durchführen.

Relevant heißt, dass die gesetzten Ziele zwar herausfordernd sein sollen, aber sie dennoch realistisch erreicht werden können und gleichzeitig einen Bezug zu ihren übergeordneten Zielen haben sollen. Auch das wiederum ist beim Haustürwahlkampf gewährleistet, da dieser, wie noch weiter unten gezeigt werden soll, eine mobilisierende Wirkung bei den Wähler:innen entfalten kann. Und zuletzt sind SMARTe Ziele **terminiert:** Es gibt also eine Festlegung, wann das Ziel erreicht sein soll. Ein SMARTes Ziel für den Kommunalwahlkampf kann also lauten:

> Ich *(aktiv beeinflussbar)* erreiche zur Mobilisierung meiner Wähler:innen *(relevant)* im Zeitraum von vier Wochen *(terminiert)* mindestens 250 Haushalte *(messbar)* → das gesamte Ziel ist damit als *spezifisch* zu beschreiben, weil es klar verständlich formuliert ist und das angestrebte Ergebnis explizit macht.

4.2 Engagierte gewinnen, Teamaufbau und Teamentwicklung

Selbst, wenn Sie als Einzelbewerber:in für ein kommunales Amt oder Mandat antreten, werden Sie Unterstützung benötigen. Ob Sie diese von Ihren Freund:innen und Bekannten erhalten oder von Ihren Parteikolleg:innen und Parteigenoss:innen, oder aber von Parteien, deren Unterstützung Sie als unabhängige:r Kandidat:in erhalten: Stets geht es darum, als Team zu agieren. Natürlich können Sie jetzt einwenden, dass das bei einer ‚einfachen‘ Wahl zu einem kleinen Gemeinderat was anderes ist als zu einer Bürgermeister:innenwahl, insbesondere was die Skalierung, also die Zahl und Größe der verschiedenen Aufgaben betrifft. Mit dem Einwand hätten Sie völlig recht. Zu empfehlen ist, dass Sie egal bei welcher Wahl im Team arbeiten sollten. Das ist auch dann von Relevanz, wenn Sie ‚nur ein kleines‘ kommunales Mandat anstreben, da Sie vor allem als Kandidat:in einer Partei davon profitieren können, Ihre Bekanntheit und die der anderen Kandidat:innen Ihrer Partei gleichermaßen zu stärken. Unterstützen Sie sich daher auch über Wahl- und Stimmbezirke hinweg. Sie können davon ausgehen, dass die Wähler:innen im kommunalen Wahlrecht nicht so versiert sein dürften wie Sie – und Sie damit gemeinsam davon profitieren, je mehr Kandidat:innen die Wähler:innen auf Ihrer Parteiliste am Wahltag erkennen können und mit einem positiven Eindruck verbinden.

Ob Sie nun selbst weitere Engagierte gewinnen wollen, die ebenfalls mit Ihnen auf einer Parteiliste oder auf der Liste einer Wähler:innenvereinigung antreten wollen, ob Sie ein Team aufbauen und erhalten wollen, so bedenken Sie: Es handelt sich um ein Ehrenamt. Begegnen Sie anderen in Ihrem Team oder potenziellen Kandidat:innen, die Sie rekrutieren wollen, mit Wertschätzung. Das gilt gleichermaßen für den Kontakt zu den Bürger:innen. Wenn Sie erfolgreich kommunizieren wollen, also überzeugend sein wollen, dann empfiehlt es sich sehr, weniger selbst zu sprechen und mehr zuzuhören. Stellen Sie sich vor, ein:e Wähler:in tritt mit einem Thema an Sie heran, dass für ihn oder sie gerade relevant ist, z. B. das Thema KiTa-Plätze. Sie hören aber gar nicht richtig zu, wissen vielleicht auch nicht, was Sie dazu sagen sollen und schwenken einfach dazu über, aus Ihrem Wahlprogramm zu referieren. Der Eindruck, den das bei den Wähler:innen hinterlässt, ist kein guter. Eher verfestigen Sie damit die weit verbreitete Ansicht, dass Politik den Menschen nicht mehr zuhöre. Versuchen Sie stattdessen besser, das sogenannte paraphrasierende Zuhören einzusetzen, also die Aussagen Ihres Gegenübers zu umschreiben und damit zu spiegeln (siehe dazu auch Jakobs & Schwab, 2023, S. 148–150). Damit signalisieren Sie, dass Sie sich voll auf Ihr Gegenüber konzentrieren, dass Sie an Ihrem Gegenüber interessiert sind – und gewinnen Zeit, um vielleicht auch zu einem Thema etwas sagen zu können, für das Sie momentan vielleicht keine Patentlösungen haben. Im besten Fall – aus wahltaktischer Sicht – wechselt Ihr Gegenüber selbst das Thema. Wenn dem nicht der Fall sein sollte und Sie weiterhin am Hauptproblem Ihres Gegenübers schlichtweg nichts machen können, so können Sie mit dem umschreibenden Zuhören zumindest den Eindruck vermitteln, dass Sie sich als Politiker:in mal Zeit genommen und zugehört haben. Hervorragend eignet sich dazu auch die sogenannte Metakommunikation (siehe hier auch den sehr guten Band von Weisbach & Sonne-Neubacher, 2015). Damit umschreiben oder wiederholen Sie nicht das Gesagte, sondern spiegeln die Gefühle des Gegenübers, z. B. durch ein: „Sie klingen enttäuscht" oder „Wenn Sie das so sagen, bin ich wirklich erschüttert", je nachdem, ob Sie die Kommunikation bei Ihrem Gegenüber belassen oder eigene Gefühle ausdrücken wollen. Auch offene Fragen eignen sich hervorragend, um ein Gespräch fortzuführen, bei dem Sie selbst vielleicht keine Lösung anbieten können. „Welche Möglichkeiten sehen Sie denn?" oder „Was sollten wir aus Ihrer Perspektive denn verändern?" sendet ebenfalls den Eindruck aus, dass Sie den Wähler:innen zuhören wollen. Und, jetzt mal alle taktischen Erwägungen beiseitegelassen: Das sollte auch Ihr ehrliches Anliegen als Volksvertreter:in sein.

Der Punkt mit dem umschreibenden Zuhören wurde absichtlich in diesen Abschnitt integriert: Es hilft Ihnen nämlich bei allen Themen, die in der Überschrift genannt werden, also sowohl dabei, Engagierte zu gewinnen, als auch wertschätzend in Ihrem Team zu kommunizieren als auch dabei, gemeinsame Mitstreiter:innen zu finden und zu binden. Für die Parteimitgliedergewinnung hat sich eine direkte, interessenorientierte Ansprache bisher als wirkungsvoll erwiesen (Jakobs, 2021). In der psychologischen Arbeits- und Organisationsforschung finden wir zumindest ähnliche Befunde im Unternehmenskontext. Hier sind es vor allem die transformationalen Führungskräfte, die ihre Mitarbeiter:innen binden können, die Arbeitszufriedenheit steigern können und die Motivation heben können. Grundlagen dieses transformationalen Führungsstils sind unter anderem individuelle Wertschätzung und weniger Von-Oben-Herab-Reden, sondern die Rolle eines Coaches einzunehmen, der auf Augenhöhe kommuniziert (siehe dazu bspw. Avolio & Bass, 2002; Dumdum et al., 2013). Es ist daher zu erwarten, dass dies auch für den Gegenstand dieses Buches zutrifft.

Es sind genau solche ‚Kleinigkeiten‘, die es Ihnen am Ende erleichtern, Ihr Wahlkampfteam aufrechtzuerhalten und zugleich neue Engagierte zu gewinnen – und nicht zuletzt Wähler:innen zu mobilisieren. Menschen mögen Menschen, die ihnen sympathisch sind. Und das erreichen Sie nicht damit, Ihr Gegenüber buchstäblich in Grund und Boden zu reden, sondern durch eine freundliche, offene, zugewandte und aufmerksame Art. Diese Befunde finden Sie übrigens auch in ähnlicher Form in der Argumentations- und Überzeugungsforschung. Um nur einige wenige Punkte dort herauszugreifen: Belohnung, Anpassung an das Verhalten anderer, Sympathie und Identifikation helfen Ihnen, Nähe zu erzeugen und überzeugend zu wirken (siehe dazu sehr gelungen Schönbach, 2022, S. 20–69). **Belohnung** heißt, Ihrem Gegenüber das Gefühl zu vermitteln, wichtig zu sein und gebraucht zu werden. Das finden Sie auch beim ‚Altmeister‘ der Überzeugungskunst, Dale Carnegie, in seinem Buch *How to win friends and influence people*[1]. **Anpassung** wiederum können Sie dadurch äußern, dass Sie darauf hinweisen, wer schon alles bekundet hat, Sie zu wählen oder wer mit Ihnen für gewisse Themen kämpft. Das zeigt im politischen Kontext auch eine Studie von Gerber und Green (2017, S. 425): Wenn Menschen in schriftlichen Wahlaufrufen lesen, dass ihre Nachbar:innen ebenfalls bei den letzten Wahlen gewählt haben, steigert das die Wahlbeteiligung ganz erheblich. **Sympathie** wiederum können Sie mit Komplimenten oder Lob erzeugen – oder mit umschreibendem Zuhören. Die neuere Forschung zeigt zudem, dass körperliche Attraktivität sympathisch wirkt und die Wahlergebnisse von Kandidat:innen erhöhen kann (Gaßner et al., 2019). Nicht zuletzt ist die **Identifikation** zu nennen. Sie kennen sicherlich den

---

[1] Dort schreibt Carnegie: „Dr. Dewey said that the deepest urge in human nature is ‚the desire to be important‘. Remember that phrase: ‚the desire to be important‘. It is significant. You are going to hear a lot about it in this book", siehe Carnegie (1998, S. 30).

Ausspruch: Der Feind meines Feindes ist mein Freund. Ein:e gemeinsame:r Gegner:in kann also zusammenschweißen (Schönbach, 2022, S. 53). Aber das soll kein Plädoyer für *negative campaigning* sein (siehe dazu Schmücking, 2015). Auch „schon Nachbarschaft erzeugt Wir-Gefühle […] Allein durch Zusammenarbeit wird ebenfalls Identifikation geschaffen, durch gemeinsame Anstrengungen, ein Ziel zu erreichen oder etwas gemeinsam durchzustehen" (Schönbach, 2022, S. 53).

Und all das, was Sie in diesem Abschnitt gelesen haben, können Sie letztlich als ‚Allzweckwaffe‘ nutzen, ob im Teambuilding, im Teamaufbau, beim Gewinnen von Engagierten oder aber in der Ansprache von Wähler:innen. Achten Sie dabei nicht nur darauf, dass Ihre Mitstreiter:innen politische Fertigkeiten besitzen, sondern vor allem Motivation, also für Sie und Ihre Themen ‚brennen‘. Nicht zuletzt zeigt sich auch aus der Forschung zur Mitgliederwerbung, wie wichtig Motivation ist und wie groß die Überzeugungs- und Mobilisierungswirkungen sind, die von ihr ausgehen (siehe z. B. Jakobs, 2021; Oerder, 2015).

4.3   Frames setzen – Content kreieren

Framing ist Alltag[2]. Framing begegnet uns in den Nachrichten, in Alltagsgesprächen und in den Sozialen Medien, genauso wie auf Wahlplakaten oder in der Werbung. Wenn jemand behauptet, *Sie seien so lahm wie eine Schnecke* oder *mit Ihnen könne man ja keinen Krieg gewinnen,* dann ist das nicht nur eine (fortgeführte) Metapher bzw. Allegorie, sondern auch eine sprachliche Rahmung. In der politischen Kommunikation sehen wir Framing in verschiedenen Facetten, ein Blick auf Twitter genügt dazu: Tempolimits seien *Freiheitsraub, Panik-Greta* mache die Menschen wild und Berlin wird als *failed city* (in Anlehnung an den Begriff der failed states) bezeichnet. Des Weiteren sei *Sozialtourismus* von Flüchtlingen zu unterbinden, die *Klimakrise* hole uns alle ein und die *Respektrente* gebe Menschen im Alter das Geld, das sie aufgrund ihrer Arbeitsleistung verdient hätten, während Bezieher:innen von *Bürgergeld* doch *Sozialschmarotzer* seien. Je nachdem, wo Sie sich nun selbst politisch verorten, ist das eine oder das andere Bild für sie ansprechender. Wie Sie sich dazu positionieren, bleibt Ihnen überlassen. Kern dessen, was hier vermittelt werden soll, ist: Ein Bild bleibt im Gedächtnis (Weisbach & Sonne-Neubacher, 2015), ob sie es unterstützenswert finden oder nicht.

---

[2] Dieser Abschnitt ist Jakobs und Schwab (2023) in teilweise leicht veränderter Form entnommen.

Framing beschreibt dabei den Prozess, nicht bloß ein Bild entstehen zu lassen, sondern vor allem spezifische Aspekte der Wirklichkeit hervorzuheben und damit eine spezifische Wirkung hinterlassen zu wollen. „To frame is to select some aspects of a perceived reality and make them more salient in a communicating text, in such a way as to promote a particular problem definition, causal interpretation, moral evaluation, and/or treatment recommendation for the item described"[3] (Entman, 1993, S. 52), so die klassische Definition von Entman. In deutscher Sprache beschreibt der Mediensoziologie Michael Jäckel Framing als „Einbettung der Berichterstattung in einen bestimmten Interpretationsrahmen, also die Darstellung in Abhängigkeit von einer Bezugsgröße" (Jäckel, 2011, S. 211).

Was sich in diesen Definitionen doch etwas sperrig verbirgt, ist das Verständnis von Framing als Darstellung von Inhalten in einer gewissen Art und Weise mit dem Ziel, eine bestimmte Reaktion im Hirn von Menschen auszulösen. Wird ein Ausgangsreiz gesetzt (Beispiel: „Das Tempolimit ist ein Angriff auf unsere Freiheit!"), soll damit ein Zielreiz erreicht werden (Beispiel: „Stimmt! Und niemand darf mir meine Freiheit rauben!"). Dieser Mechanismus wird *Priming* genannt, weswegen Oswald die Kombination der Begriffe Priming und Framing auch als üblich in der Literatur bezeichnet (Oswald, 2019, S. 26). Man könnte sagen, dass Priming genau das ist, was durch Framing erreicht werden soll. Eine spezifische sprachliche Rahmung soll in Ihnen also eine spezifische Handlung oder Denkweise auslösen.

Strategisches Framing, also der Einsatz von Frames als eine strategische und damit wohldurchdachte Tätigkeit, lässt sich nach Oswald mit insgesamt 16 Techniken versehen (Oswald, 2019, S. 55–132). Diese sollen hier nicht alle präsentiert werden, sondern lediglich einzelne davon, die schnell und leicht ein- und umsetzbar sind. Eine *Theorie* von Framing werden Sie dabei nicht finden, da es hierzu schlichtweg auch keine gibt (Schmid-Petri, 2012, S. 60). Grundlage von Framing ist jedoch die Annahme, dass es nicht die *eine, objektive* Wahrheit gibt, sondern Realität konstruiert wird (Scheufele, 2003, S. 98). Framing hilft dabei, diese individuellen Realitätskonstruktionen gewissermaßen zu steuern.

Die erste hier zu nennende Technik von Framing ist das *Werte-Framing*. Hierbei geht es darum, dass Sie die Werte, die Ihrer Zielgruppe wichtig sind, mit Ihren Frames adressieren. Denken Sie an das Tempolimit und die *freie Fahrt für freie Bürger:innen*. Hier sind Sie direkt im Werte-Framing, da die Einführung eines Tempolimits auf Autobahnen den *Wert* der Freiheit einschränke, so der

---

[3] Deutsche Übersetzung d. A.: Framing bedeutet, einige Aspekte einer wahrgenommenen Realität auszuwählen und sie in einem kommunizierenden Text so hervorzuheben, dass eine bestimmte Problemdefinition, kausale Interpretation, moralische Bewertung und/oder Handlungsempfehlung für den beschriebenen Gegenstand gefördert wird.

Frame. Auch der Wert der Sicherheit wird häufig bemüht, gerade von der AfD. Plakate im Rahmen der Landtagswahl 2016 in Baden-Württemberg zeigten beispielsweise ein weinendes Mädchen, im Hintergrund Männer, die aber aufgrund von Schatten bzw. schlechtem Licht nicht zu erkennen waren. Darunter prangte die Aufschrift: „Köln – Stuttgart – Hamburg…Mehr Sicherheit für unsere Frauen und Töchter!" Der Frame wird dabei nicht nur durch den Text erzeugt, der den Wert der Sicherheit explizit aufnimmt, sondern auch durch das Bild auf dem Wahlplakat.

Bereits der ehemalige US-Präsident Ronald Reagan hat erkannt, dass es wichtig ist, nicht nur Politikinhalte zu kommunizieren, sondern auch über Werte zu sprechen (Oswald, 2019, S. 59–60). Bei ihm waren es vor allem Werte der individuellen Eigenverantwortung, die im Vordergrund seiner Reden standen (Kuehl, 2012). Bei Olaf Scholz in der Kampagne zur Bundestagswahl 2021 wiederum wurde mit der „Respekt-für-Dich"-Kampagne der Wert der gegenseitigen Achtung in den Vordergrund des Framings gesetzt. Werte-Frames lösen dabei zwei Dinge aus: Zum einen verfestigen sie vorhandene Ansichten, zum anderen „führen sie zu einer höheren Partizipationsbereitschaft. Kurz: Sie sind extrem effektiv. Werte selbst sind zwar etwas Abstraktes, sie können in Frames jedoch konkret gemacht werden. Die persönliche Freiheit ist ein häufig gewählter Wert, um Frames zu verstärken" (Oswald, 2019, S. 61). Das mag auch daran liegen, dass Werte in Menschen etwas sehr Stabiles sind, eine Art Grundkonstante, die das menschliche Handeln anleitet (siehe dazu bspw. Welzel, 2009).

Eng dazu ist das Emotions-Framing bzw. das emotionale Framing zu betrachten. Vor allem bei sozialen Fragen und Themen beeinflussen Emotionen die Entscheidungen von Menschen (Oswald, 2019, S. 67). Bilder von hungernden Menschen aktivieren unsere Spendenbereitschaft, genauso wie von Kriegsopfern, da hier Emotionen wie Trauer, Mitgefühl und Nächstenliebe geweckt werden. Was man sehr anschaulich im Jahr 2015 sehen konnte, waren emotionale Frames auf Basis der Befürworter:innen, aber auch der Gegner:innen der in diesem Jahr hohen Immigrationszahlen nach Deutschland. Die Flüchtlings*krise*, wie sie schnell genannt wurde, beinhaltet bereits einen Frame. Befürworter:innen der Immigration haben an die Hilfsbedürftigkeit der Menschen und deren Mitgefühl appelliert, Gegner:innen der Immigration haben versucht, Wut, Zorn und Angst, also ebenfalls Emotionen, zu aktivieren. Dabei ist empirisch zu beobachten, dass Angst und Wut stärker auf die Meinungsbildung wirken als das Aktivieren von Mitgefühl und Mitleid (Oswald, 2019, S. 68). Kombiniert wurde der Wut-Frame meist mit einer persönlichen Zuschreibung *(„Danke, Merkel")*, was seine Wirkung noch verstärkte.

Die letzte Technik, die hier vorgestellt werden soll, ist das *Counter-Framing*. Dabei wird ein bereits bekannter Frame aufgenommen und ein anderer Frame als Konkurrenz dazu gebildet. Der Counter-Frame will dabei die Interpretation, die ein bestehender Frame fördern soll, ändern (Napierala, 2021, S. 88). Was sehr einleuchtend klingt, ist gar nicht so einfach umzusetzen. Oswald (2019, S. 78) bietet mit der *National Rifle Association* (NRA) ein gutes Beispiel. Die NRA ist wohl *die* Organisation in den USA, die sich für den freien Gebrauch und Erwerb von Schusswaffen einsetzt. Sie muss sich als Interessenorganisation vor allem gegen diejenige Politik behaupten, die den Waffenbesitz regulieren und einschränken möchte. Dabei, so die Gegner:innen der NRA, bedeuten weniger Waffen mehr Sicherheit für die Menschen, was an Beispielen von Schul-Amokläufen, vor denen meist der einfache Erwerb von Schusswaffen stand, gut deutlich gemacht werden kann. Die NRA hält dem als Counter-Frame entgegen, dass nur mehr Waffen für mehr Sicherheit sorgen könnten – und zwar mehr Waffen in den Händen *guter* Menschen, die sich damit gegen die Waffen in den Händen *böser* Menschen verteidigen (Oswald, 2019, S. 78). Häufig sind Counter-Frames aber nur einfache *Killerphrasen,* also solche, die nur dazu dienen, auf Basis eines Scheinarguments den gegnerischen Frame ‚mundtot' zu machen (Thiele, 2006). Wenn beispielsweise Investitionen in den Klimaschutz gefordert werden oder aber in die Verbesserung der Bahn-Infrastruktur, so ist häufiger Gegenframe ein schlichtes: „Aber dazu fehlt uns das Geld". Der politische Gegner wird damit gar nicht erst ernst genommen und sein Vorschlag direkt ins Utopische überführt, indem postuliert wird, dass für solche Vorhaben doch gar keine Finanzmittel da seien, dass es schlecht durchgerechnet sei, etc. Damit ist es leicht, dem Gegenüber die kommunizierte Realisierbarkeit seiner Anliegen zu rauben. Doch: Das ist eine Art des destruktiven Counter-Framings, die zwar sehr leicht ist, aber keine eigene Erzählung kreiert. Es fehlt das Narrativ und damit das überzeugende Moment (siehe auch Napierala, 2021, S. 87). Dem Argument der NRA, auch wenn man dagegen ist, kann man zumindest Konsistenz und Stimmigkeit zusprechen. Es steht *für* etwas, und ist nicht nur *gegen* etwas gerichtet.

Der Tipp an Sie kann dabei stets lauten: Stehen Sie *für* etwas. Unterstellen Sie ihren politischen Gegner:innen nicht negative Zuschreibungen im Sinne eines *negative campaignings* (buttern Sie also niemanden öffentlich runter) und retten sich in destruktive Counter-Frames, sondern zeigen Sie den Menschen auf, *wofür* Sie stehen, *für was* Sie politisch eintreten und *was Sie erreichen* wollen (und gegebenenfalls, warum das besser ist als das, was andere vorschlagen). Aus der Psychologie ist bekannt, dass Ziele Handlungen motivieren (Heckhausen & Heckhausen, 2018). Wenn Sie *gegen* etwas sind, dann wissen die Bürger:innen nicht, wofür Sie eigentlich stehen. Sind Sie zum Beispiel gegen neue Parkplätze in Ihrer Stadt, ist das eine Sache. Aber wenn Sie *für* etwas sind, dann wissen andere sehr genau, wofür Sie stehen, z. B. wenn sie *gegen* neue Parkplätze und gleichzeitig *für* neue Radwege oder Grünflächen stehen. Letzteres ergibt sich ja nicht automatisch aus ersterem, sondern stellt ein Ziel dar, das erst einmal explizit gemacht werden muss.

Zuletzt noch ein Wort zum Counter-Framing oder zu einer Kommunikation des ‚Wir sind nicht für [setzen Sie ein beliebiges Thema ein]'. Ein ‚nicht' oder ‚kein' hat keine Wirkung, es verpufft im Gesagten. Übrig bleibt der Begriff oder gar der Frame, den Sie ja eigentlich *nicht* kommunizieren wollen. Wer am SPD-Infostand sagt, er sei als Parteimitglied ja auch gegen das Bürgergeld und fände das *nicht* gut, hat sofort die entsprechende Bürgergeld/Hartz-IV/Agenda/ Schröder-Diskussion laufen. Und gerade da möchte der/die SPD-Kandidat:in gerade *nicht* hin, vor allem nicht im Vorfeld einer kommunalen Wahl, bei der häufig ein schlechter Satz den nur vermeintlich einfachen Ausweg bietet: ‚Ja, aber dafür bin ich ja gar nicht zuständig' oder ‚Ja da können wir im Gemeinderat aber auch nix dran machen'.

Weisbach und Sonne-Neubacher (2015, S. 305) bieten ein schönes Beispiel dafür, was hier erläutert wurde: dass nämlich der Einsatz des Wortes ‚nicht' dennoch das Bild dessen erzeugt, was verneint werden soll.

> „‚Pass auf, dass Dein Becher nicht hinunterfällt' lässt beim Kind just das […] Bild entstehen […]: Ein fallender Becher. Dies muss nicht zwangsläufig dazu führen, dass der Becher tatsächlich fällt. Es ist für mich jedoch immer wieder spannend zu verfolgen, wohin Aufforderungen führen, die eine Negation oder gar ein Verbot enthalten. Was den Becher betrifft, so ist es schon merkwürdig, dass das Kind erwidert: ‚Der fällt nicht'. Und in dem Moment fällt der Becher tatsächlich nicht. Wie kommt es aber, dass jener Milchbecher zwei Minuten später doch auf dem Boden liegt?" (Weisbach & Sonne-Neubacher, 2015, S. 306).

Und so wie oben zum Framing genannt, fehlt auch hier die „Zielangabe" (Weisbach & Sonne-Neubacher, 2015, S. 306), da nichts darüber gesagt wird, wo denn der Milchbecher stehen soll. In der Gefahr, dass der folgende Satz aus dem Zusammenhang gerissen und ohne Kontext zitiert wird: Politik ist der Milchbecher. Zeigen Sie den Bürger:innen auf, wo der Milchbecher stehen soll und **nicht,** wo er **nicht** stehen soll.

Die Auswahl der Inhalte können Sie dabei nach den folgenden Kriterien treffen: Setzen Sie Themen, die für die Wähler:innenschaft relevant sind (siehe dazu noch Abschn. 4.5), die Sie selbst motiviert und authentisch übermitteln können und von denen Sie selbst überzeugt sind. Nur dann wird man Ihnen darin vertrauen können, diese Themen auch anpacken und umsetzen zu wollen.

4.4 Wahlkampf über die sozialen Medien

Die sozialen Medien gelten mittlerweile als Standardmittel für jede:n Wahlkämpfer:in. Dennoch soll hier zu bedenken gegeben werden, dass die sozialen Medien nicht als Allheilmittel für die teilweise schwierige Beziehung von Bürger:innen zu ihren (Kommunal)Politiker:innen betrachtet werden sollten. Mit Blick auf die Befunde zum Haustürwahlkampf (siehe Abschn. 4.5) soll hier die klare Empfehlung ausgesprochen werden, Haustürwahlkämpfe in den Vordergrund Ihrer wahlkampftaktischen Arbeit zu stellen. Während Sie diese führen, können Sie bei Bürger:innen an der Haustür auch nach der Bereitschaft fragen, Ihnen eine E-Mail-Adresse zur Verfügung zu stellen. Damit wiederum können Sie im Laufe des Wahlkampfes eine gezielte E-Mail-Ansprache leisten, die als wahltaktisches Instrument immer noch unterschätzt wird. Dabei haben E-Mails gleich mehrere Vorteile: Ihr Versand ist kostenfrei, Sie können mit einer personalisierten Wahlkampfadresse Identifikations- und Erinnerungsmomente schaffen und Sie haben die Möglichkeit, eine direkte Ansprache zu leisten, die Sie über verschiedene Verteiler sogar noch auf spezifische Wähler:innengruppen (z. B. nach Stadtteil bzw. Ortsteil) differenzieren können. Zugleich bieten E-Mails Ihnen die Möglichkeit, Texte, Bilder, Videos, kurze Umfragen, Links, etc. zu integrieren (Haller et al., 2023, S. 105).

Doch allein der Aufbau eines Mail-Verteilers und die regelmäßige Ansprache über diesen binden Ressourcen. Die Präsenz in den sozialen Medien kostet weiter zeitliche, und, wenn Sie gezielte Werbekampagnen lancieren wollen, auch finanzielle Ressourcen. Sie sollten also immer kritisch hinterfragen, wie gut Sie zum einen mit verschiedenen Kanälen der Sozialen Medien umgehen können und wie hoch Sie die positiven Effekte der Sozialen Medien auf den Wähler:innenzuspruch einschätzen. Auch gibt es gewisse ‚No-Gos' in Ihrer Arbeit mit den sozialen Medien:

> „Ein Negativbeispiel dafür wäre das Posten von Parteiwerbung in lokalen Facebook-Gruppen, da dies oft als unpassend betrachtet und durch die Reizüberflutung an Werbung als unangenehm wahrgenommen wird. Politiker sollten es also unterlassen, proaktiv Posts mit Kandidatenbildern oder gar als Antwort in einer Gruppendiskussion zu posten" (Haller, 2021, S. 31).

Dies gilt zumindest in der Kommunikation mit den Bürger:innen außerhalb von Wahlkämpfen. Doch auch im Rahmen von Wahlkämpfen kann ein solches Verhalten als übergriffig oder aufdringlich empfunden werden. Definitiv zuzustimmen ist dem Satz von Haller, wenn er schreibt: „Nur was Bürger wirklich interessiert

stößt Reaktionen durch sie an, die wiederum als Grundlage für weiteren Dialog
dienen können" (Haller, 2021, S. 32). Zu empfehlen sind weiter Messenger-
Dienste, mit denen Sie in das (digitale) Gespräch mit den Bürger:innen bzw.
Wähler:innen treten können. Ein Tipp an dieser Stelle: Kaufen Sie sich eine
eigene SIM-Karte für den Wahlkampf, sodass Sie zum einen nicht Ihre Pri-
vatnummer herausgeben müssen und sich zum anderen selbst die Organisation
zwischen privaten Konversationen und solchen, die für den Wahlkampf relevant
sind, erleichtern können.

Wenn Sie nun die ‚üblichen' sozialen Medien nutzen wollen, können Sie sich
an der Studie von Voigt und Seidenglanz (2017) anlehnen. Sie geben einzelnen
Medien dabei nützliche Bezeichnungen: Facebook ist für die Autor:innen die
Reichweitenplattform, YouTube die Bewegtbildplattform, Instagram die Experi-
mentierplattform und Twitter die politische Elitenplattform (Voigt & Seidenglanz,
2017, S. 26–68). Facebook bietet Ihnen den Vorteil, eine äußerst große Nut-
zer:innenzahl anvisieren zu können (Voigt & Seidenglanz, 2017, S. 25), die Sie
auf den für Sie und die Kommunalwahlen relevanten Bereich herunterbrechen
können. Twitter bzw. mittlerweile X hat seine Stärken eher in der Elitenkom-
munikation; Instagram gilt nicht nur als wachstumsstark, sondern ist auch ein
beliebtes Medium für die jüngere Zielgruppe, ähnlich wie TikTok. YouTube wiederum bietet Ihnen den Vorteil, auch längere Videos kostenfrei hochladen und
beispielsweise auf Ihrer Webseite einbinden zu können. Was den Umgang mit
politischen Werbebotschaften in den genannten Medien betrifft, so empfiehlt sich
immer auch ein Blick in die aktuellen Geschäftsbedingungen. Ungefährlich ist
in der Regel, wenn nicht ein:e andere:r für Sie Werbung macht, sondern Sie für
sich selbst. Politische Eigenwerbung ist nämlich von der Kennzeichnungspflicht
für Werbung (bisher) explizit nicht erfasst (Podschuweit & Geise, 2023, S. 91).

Weiter zeigt Schulz (2023, S. 320) auf, dass die sozialen Medien zwar in ihrer
Bedeutung für die Wähler:innenkommunikation steigen, damit aber immer noch
weit hinter Zeitungen oder dem Fernsehen als präferierte Informationsquellen liegen. Soziale Medien eignen sich jedoch hervorragend für Erstwähler:innen, die
sich dort deutlich überproportional über Politik informieren – im Gegensatz zu
anderen Medien (Schulz, 2023, S. 322). Welche Wirkungen Sie aber konkret von
den sozialen Medien erwarten können, kann nicht klar ermittelt werden. Während
Unternehmen oder auch Parteien und andere Freiwilligenorganisationen sehr gut
messen können, wer von einem Posting auf eine *Landing-Page* klickt und von da
aus ein Produkt kauft oder einer Organisation beitritt, so kann die Wahlforschung
das nicht so leicht leisten. Kübler und Manke (2023, S. 138) versuchen zwar,
hier ein Wirkungsmodell zu entwickeln, weisen aber auch darauf hin, dass für

die Wahlentscheidung viele weitere Faktoren relevant sind als allein die Mobilisierung über die sozialen Medien (Kübler & Manke, 2023, S. 138–139). Zwar sind über neuere Studien durchaus Zusammenhänge zwischen Themen in den sozialen Medien und den Interaktionen mit diesen bekannt – also Themen, die zu mehr Reaktionen und Interaktionen führen als andere (siehe Bene et al., 2022) –, doch auch hier ist nicht klar zu sagen, welche Wirkung von welchem Thema bei welcher Präsenz in den sozialen Medien auf die Wahlwahrscheinlichkeit zu erwarten ist.

Empfehlung: Überschätzen Sie die sozialen Medien nicht. Nutzen Sie sie gerne insbesondere zur Ansprache jüngerer Wähler:innen, berücksichtigen Sie aber auch, dass es (leider) gerade diese Altersgruppe ist, die tendenziell seltener zur Wahl geht. Eine direkte Ansprache erreichen Sie auch über WhatsApp- oder E-Mail-Marketing. Dazu gehört, eine Adressliste aufzubauen, natürlich mit Zustimmung der Personen, die Sie darin aufnehmen wollen. Das wiederum können Sie über den Haustürwahlkampf leisten, der im nächsten Abschnitt dargestellt wird. Er bietet gleich mehrere Vorteile: Sie können ihn nicht nur dazu nutzen, die Wähler:innen zu informieren, sondern Sie auch auf mehrere Arten und Weisen zu beteiligen und zu mobilisieren. Sie erzeugen damit eine persönliche Bekanntheit, die im Gegensatz zu den sozialen Medien auch ein Element der direkten, persönlichen Nahbarkeit enthält. Gerade in der aktuellen Zeit soll aber auch davor gewarnt werden, die sozialen Medien *überhaupt nicht* zu nutzen. Insbesondere, wenn Sie als Bürgermeister:in kandidieren – oder als Landrät:in –, wird es sicherlich einiges an Verwunderung erzeugen, wenn Sie die sozialen Medien vollständig ignorieren. Für ein ‚einfaches' Stadtrats- oder Gemeinderatsmandat müssen Sie jedoch, und das ist eine persönliche Meinung des Autors, nicht unbedingt Ihre Präsenz auf den sozialen Medien ausbauen und regelmäßig posten, insbesondere dann nicht, wenn Sie mit den Mechanismen, Techniken und Instrumenten innerhalb der verschiedenen sozialen Medien und Kanäle fremdeln.

4.5   Last but not least: Stimmbezirksanalyse, Haustürwahlkampf führen und Bekanntheit schaffen

In diesem letzten Abschnitt geht es nun um die systematische Analyse von Haustürwahlkampf bzw. Haustürgesprächen, die Sie auch schon deutlich vor dem eigentlichen Wahltermin durchführen können, bzw. – wenn Ihre zeitlichen

Ressourcen dies zulassen – auch sollten[4]. Sie haben mit diesem Instrument die Möglichkeit, Vertrauen zu den Bürger:innen herzustellen. Vertrauen wiederum schafft Glaubwürdigkeit, Glaubwürdigkeit und Bekanntheit machen es dann wahrscheinlicher, dass Sie gewählt werden. Dabei sollten Sie auch berücksichtigen, dass die Zahl von Menschen, die kommunalen Institutionen vertrauen, in den letzten Jahren deutlich gesunken ist (Güllner, 2023). Haustürwahlkampf kann Ihnen daher dabei helfen, mehrere ‚Fliegen mit einer Klappe zu schlagen'.

Dass Haustürwahlkampf im Sinne von Mobilisierung und Wahlbeteiligung wirken kann, wussten schon Lazarsfeld et al. (1944). Über die Effekte, den sozialen Druck auf die Wahlentscheidung hat, berichten Gerber und Green (2017, S. 425). Die Autor:innen zeigen dabei, dass es schon einen deutlichen Unterschied in der Wahlbeteiligung macht, wenn Menschen *lediglich damit angesprochen werden, dass Ihre Nachbar:innen gewählt haben*. Haustürwahlkampf kann dabei mehrere nützliche Funktionen erfüllen: Er kann Menschen unmittelbar dazu mobilisieren, zur Wahl zu gehen (siehe z. B. Bhatti et al., 2019; Moura & Michelson, 2017; García Bedolla & Michelson, 2012), und weiter kann er als Multiplikator wirken, nämlich genau dann, wenn angesprochene Menschen mit ihren Nachbar:innen, Bekannten und Freund:innen über die Haustüransprache sprechen. Das ist regelmäßig dann der Fall, wenn ‚Promis' an der Haustür erscheinen. Die Erfahrung aus der Beratung zeigt aber, dass man auch ohne ‚Promis' ins Gespräch kommen kann und es sich durchaus gewinnbringend zeigt, wenn Sie sich im Rahmen von Haustürgesprächen als gute Zuhörer:innen zeigen und damit das Gefühl von Wertschätzen und Kümmern aussenden. Was wir dabei jedoch nicht aus der Forschung wissen, ist zum einen die Stärke dieser Multiplikatoreffekte, also wie viele der an der Haustür angesprochenen Menschen davon in ihren eigenen sozialen Netzwerken berichten und welche Wirkung auf die Wahlentscheidung das letztlich hat. Zum anderen wissen wir nicht, wie die Wirkung der Haustüransprache abseits der Wahlmobilisierung, also dem bloßen Aufruf zur Wahl, einzuschätzen ist. Erste, unveröffentlichte Befunde deuten darauf hin, dass die Wahlwahrscheinlichkeit erhöht werden kann, wenn Wähler:innen von Vertreter:innen einer Partei angesprochen werden, der sie ohnehin grundsätzlich anhängen. Unklar ist aber, wie sehr Sie mit Haustürwahlkampf in der Lage sind, Wähler:innen zu ‚drehen', also aus gestandenen Sozialdemokrat:innen plötzlich Wähler:innen der FDP zu machen.

Was Ihnen unbenommen dessen dennoch empfohlen werden kann, ist Haustürgespräche bereits lange vor anstehenden Wahlen zu führen, also neun bis zwölf

---

[4] Teile dieses Abschnitts sind Jakobs und Schwab (2023) sowie Jakobs und Minas (2022) entnommen.

Monate davor. Das können Sie gerade vor Kommunalwahlen auch zur Programmerstellung nutzen, indem Sie an den Haustüren eine Befragung dazu machen,
welche Themen den Bürger:innen vor Ort wichtig sind. Sie vermitteln damit
nicht nur das Gefühl, dass Sie die Menschen vor Ort beteiligen möchten, sondern können gleichzeitig ein Wahlprogramm erstellen, dass über Ihre eigenen
(subjektiven) Kenntnisse und Eindrücke hinausgeht. Es bietet Ihnen damit die
Möglichkeit, Politik so nah wie möglich zu gestalten, nämlich mit einem Ohr
an den Problemen und Wünschen der Menschen, die Sie dann wiederum filtern
und in ein Wahlprogramm übersetzen können. Außerdem schaffen Sie damit das
für Kommunalwahlen so wichtige Element der persönlichen Bekanntheit, was
wiederum Stimmen sichern kann.

Wenn Sie nun überzeugt sind, Haustürgespräche zu führen und diese schließlich in den eigentlichen Haustürwahlkampf münden zu lassen, können Sie zuletzt
noch einige Hinweise zur Auswahl der Straßen beachten, durch die Sie laufen.
Wenn Sie für eine Partei antreten und gemeinsam im Team Wahlkampf machen,
sollten Sie auf einer Karte verzeichnen, wo Sie und Ihre Teammitglieder wohnen.
Von da aus sollten Sie dann erst in der eigenen Nachbarschaft loslaufen, auch,
um zeitliche Ressourcen zu sparen.

▶ **Tipp** Gehen Sie immer zu zweit! Zum einen kann die andere Person
   möglicherweise übernehmen, wenn Sie thematisch mal nicht weiterwissen. Ohnehin sollten Sie aber stärker offene Fragen stellen und den
   Menschen zuhören. Das weckt Vertrauen und bietet Ihnen den Vorteil, gar nicht erst in Argumentationsschwierigkeiten zu geraten. Auch
   dazu hilft ein kleines Befragungsformat, also eine vorab erstellte Themenumfrage auf Papier und Klemmbrett: Wer fragt, der führt. Weiterer
   Vorteil einer zweiten Person ist der Vorteil, dass Sie sich gegenseitig
   Feedback geben können, wie die Ansprache gelaufen ist. Übrigens:
   Eine solche Befragung können Sie auch in den sozialen Medien teilen
   und auf Ihrer Webseite integrieren.

Weiter können Sie dann noch Strukturdaten Ihrer Wahlkreise nutzen und
diese so weit wie möglich auf kleine Kreise runterbrechen. Dazu geben Ihnen
in einem ersten Schritt die Bundeswahlleiter:innen sowie die Landeswahlleiter:innen grobe Auskünfte. Mit Daten über die letzten Wahlen auf den Webseiten
Ihrer Kommune können Sie zudem noch in einzelne Wahl- und Stimmbezirke
hineinblicken und damit, je nach Einteilung, Bezirke auf wenige hundert Haushalte und die Stimmverteilung in diesen herunterbrechen. Damit lassen sich dann

Hochburgen ermitteln, in denen die Ansprache a) ‚leichter' ist und b) die Mobilisierungseffekte für Sie hoch sind. Denn denken Sie daran: Die Menschen, die Sie tendenziell wählen, müssen Sie auch dazu mobilisieren, tatsächlich zur Wahl zu gehen bzw. die Briefwahl zu nutzen. Danach können Sie dann noch versuchen, in Gebiete vorzudringen, in denen der Zuspruch zu Ihrer Partei nicht so hoch ist. Vermeiden Sie aber dort unbedingt, allzu aggressive Werbung zu machen oder mit Menschen in harte Diskussionen einzusteigen. Wer Ihnen klar kommuniziert, weder Sie noch Ihre Partei zu wählen, bei dem oder der bedanken Sie sich höflichst für die klare Antwort, wünschen noch einen schönen Tag und verabschieden sich ohne Groll. Wenn die Menschen an der Haustür sich trotz anderer Parteineigung dennoch ein kurzes Gespräch wünschen, kommen Sie diesem Wunsch nach, vermeiden aber bitte unbedingt, daraus ein Streit- oder Überzeugungsgespräch machen zu wollen. Das kann dann nämlich gegenteilige Effekte als die von Ihnen intendierten haben und die Wähler:innen, die Ihnen ohnehin nicht zugeneigt sind, noch stärker von Ihnen bzw. Ihrer Partei abschrecken.

Wenn Sie für eine Partei antreten und nicht als parteilose:r Bewerber:in, haben Sie meist den Vorteil, dass Ihre Parteien bereits über Tools verfügen, mit denen Sie die Strukturdaten direkt für die relevanten Orts- und Stadtteile bzw. Straßenzüge ermitteln können. Mithilfe von Apps oder zugekauften Daten durch Kreis- oder Landesverbände können Sie sich in der Vorbereitung eine kleine Abkürzung einbauen. Wichtiger als alles langwierige Planen ist aber das Machen. Bekanntheit erzeugen Sie nicht durch möglichst fundierte Analysen – sondern nur dadurch, dass Sie sich an den Haustüren zeigen, sich den Menschen vorstellen und gute Gespräche führen (siehe dazu auch den Beitrag von Jakobs & Minas, 2022). Sehr zu empfehlen ist für die Vorbereitung das Buch von Weisbach und Sonne-Neubacher (2015) sowie die leicht veränderte Auflage von 2022, mit dem Sie professionelle Gesprächsführung trainieren können.

Ausblick

5

Damit sind Sie bereits am Ende dieses *essentials* angelangt. Ich hoffe, die Lektüre war für Sie kurzweilig und vor allem informativ. Mein Tipp zum Schluss: Verfahren Sie im Wahlkampf entlang der Kapitelstruktur bzw. der Abschnittsstruktur. Blicken Sie stets in Kap. 3, wenn Sie sich nochmal aktuelle Befunde zum Wahlverhalten bei Kommunalwahlen vergegenwärtigen möchten. Wenn Sie dann in den eigentlichen Wahlkampf einsteigen, führen Sie die SWOT-Analyse durch, die Sie regelmäßig wiederholen sollten und arbeiten Sie daran, ein:e gute:r Kandidat:in zu sein. Starten Sie danach unmittelbar mit dem Aufbau Ihres Teams und führen Sie die SWOT-Analyse im Team erneut durch. Daraufhin können Sie sich über die Inhalte, Frames und Slogans im Wahlkampf Gedanken machen, und hierauf wiederum darüber, über welche Medien (analog, digital oder beides) Sie diese Inhalte kommunizieren wollen. Und zuletzt können Sie mit Ihrem fertigen Programm den Haustürwahlkampf gestalten, der vor dem Wahltermin (bedenken Sie hier auch den Briefwahltermin!) besondere mobilisierende Wirkung entfalten kann.

> ► **Tipp** Noch effektiver wird Ihr Wahlkampf, wenn Sie den Haustürwahlkampf bereits an den Anfang stellen, also ca. neun bis zwölf Monate vor dem eigentlichen Wahltermin. Achten Sie darauf, dass Sie Haustür**gespräche** führen sollten und vermeiden Sie den Begriff des Wahlkampfes zu einem solch frühen Zeitpunkt. In diesen Gesprächen können Sie klar kommunizieren, dass Sie a) *gerade nicht nur dann* den Kontakt zu den Bürger:innen suchen, wenn der Wahlkampf bereits in vollem Gange ist und b) eine beteiligungsorientierte Ansprache suchen, bei der Sie die Bürger:innen dazu einladen, gemeinsam mit

S. Jakobs, *Kommunalwahlkämpfe*, essentials, https://doi.org/10.1007/978-3-658-44464-8_5

Ihnen das Wahlprogramm zu entwickeln. Das geht über die beschriebenen Umfrageformate sehr gut, schafft Bekanntheit, erzeugt Vertrauen, weckt politische Wirksamkeit und hilft Ihnen zugleich, über die eigene, subjektive ‚Betriebsblindheit' hinweg Themen zu ermitteln, die den Bürger:innen Ihrer Kommune wichtig sind. Nach einer solchen Ansprache zu einem frühen Zeitpunkt verbleiben Sie meist wohlwollend in den Köpfen Ihrer zukünftigen Wähler:innen. Danach können Sie zu Ihrem offiziellen Wahlkampfauftakt gerne in der Struktur des vierten Kapitels verfahren. Und damit: viel Erfolg in Ihrem Kommunalwahlkampf!

Was Sie aus diesem *essential* mitnehmen können

- Einen Überblick über den Forschungsstand zu Wahlverhalten bei Kommunalwahlen
- Eine Auswahl wichtiger Aspekte und Elemente für Kommunalwahlkämpfe
- Möglichkeiten zur Analyse Ihrer Wähler:innenschaft und eine darauf aufbauende Ansprache.

© Der/die Herausgeber bzw. der/die Autor(en), exklusiv lizenziert an Springer   37
Fachmedien Wiesbaden GmbH, ein Teil von Springer Nature 2024
S. Jakobs, *Kommunalwahlkämpfe*, essentials,
https://doi.org/10.1007/978-3-658-44464-8

Literatur

Ajzen, I. (1991). The theory of planned behavior. *Organizational Behavior and Human Decision Processes, 50*(2), 179–211. https://doi.org/10.1016/0749-5978(91)90020-T

Ajzen, I. (2005). *Attitudes, personality, and behavior* (2. Aufl.). Open University Press.

Antunes, R. (2010). *Theoretical models of voting behaviour. exedra, 4,* 145–170.

Arzheimer, K., & Schmitt, A. (2014). Der ökonomische Ansatz. In J. W. Falter & H. Schoen (Hrsg.), Handbuch Wahlforschung (2 Aufl., S. 331–403). Springer VS. https://doi.org/10.1007/978-3-658-05164-8_8

Avolio, B. J., & Bass, B. M. (2002). *Developing potential across a full range of leadership: Cases on transactional and transformational leadership.* Lawrence Erlbaum Associates.

Bene, M., Ceron, A., Fenoll, V., Haßler, J., Kruschinski, S., Larsson, A. O., Magin, M., Schlosser, K., & Wurst, A.-K. (2022). Keep Them Engaged! Investigating the Effects of Self-centered Social Media Communication Style on User Engagement in 12 European Countries. *Political Communication, 39*(4), 429–453. https://doi.org/10.1080/10584609.2022.2042435

Bhatti, Y., Dahlgaard, J. O., Hansen, J. H., & Hansen, K. M. (2019). Is Door-to-Door Canvassing Effective in Europe? Evidence from a Meta-study across Six European Countries. *British Journal of Political Science, 49*(1), 279–290. https://doi.org/10.1017/S000712341600521

Borgmann, W. (1987). *Reformgesetz in der Bewährung: Theorie und Praxis des Betriebsverfassungsgesetzes von 1972.* Westdeutscher Verlag.

Busch, M. (1997). Politische Themen und Wahlverhalten. In O. W. Gabriel, F. Brettschneider, & A. Vetter (Hrsg.), *Politische Kultur und Wahlverhalten in einer Großstadt* (S. 181–202). Westdeutscher Verlag.

Cabarello, C. (2014). Nichtwahl. In J. W. Falter & H. Schoen (Hrsg.), Handbuch Wahlforschung (S. 437–488). Springer VS. https://doi.org/10.1007/978-3-658-05164-8_10

Campbell, A., Converse, P. E., Miller, W. E., & Stokes, D. E. (1960). *The American Voter.* Wiley.

Campbell, A., Gurin, G. & Miller, W. E. (1954). *The Voter Decides.* Row, Peterson and Co.

Carnegie, D. (1998). *How to win friends and influence people.* Simon & Schuster.

Cordes, M., & Völkl, K. (2020). Die Gemeinderatswahlen in Nordrhein-Westfalen 2020. https://gemeinderatswahlen.politik.uni-halle.de/wp-content/uploads/2022/04/Kurzanalyse-Gemeinderatswahlen-NRW.pdf

Dahrendorf, R. (2006). *Homo Sociologicus: Ein Versuch zur Geschichte.* Bedeutung und Kritik der Kategorie der sozialen Rolle: VS Verlag.

Detterbeck, K. (2021). *Parteien im Auf und Ab: Neue Konfliktlinien und die populistische Herausforderung.* BPB.

Downs, A. (1957). *An Economic Theory of Democracy.* Harper & Row.

Dumdum, U. R., Lowe, K. B. & Avolio, B. J. (2013). A Meta-Analysis of Transformational and Transactional Leadership Correlates of Effectiveness and Satisfaction: An Update and Extension. In B. J. Avolio (Hrsg.), *Transformational and charismatic leadership: The road ahead. 10th anniversary edition* (2 Aufl., Bd. 5, S. 39–70). Emerald. https://doi.org/10.1108/S1479-357120130000005008

Entman, R. (1993). Framing: Toward Clarification of a Fractured Paradigm. *Journal of Communication, 43*(4), 51–58.

Friedhoff, C., Holtkamp, L. & Wiechmann, E. (2016). Frau Doktor steht zur Wahl: Eine quantitative Analyse des bundesdeutschen Wahlverhaltens auf lokaler Ebene aus der Genderperspektive. *Gender, 1,* 91–107.

Gabriel, O. W. (1997). Kommunales Wahlverhalten: Parteien, Themen und Kandidaten. In O. W. Gabriel, F. Brettschneider, & A. Vetter (Hrsg.), *Politische Kultur und Wahlverhalten in einer Großstadt* (S. 147–168). Westdeutscher Verlag.

Gabriel, O. W. (2023). Responsivität im polarisierten Pluralismus: Zur Entwicklung der Einstellungskongruenz zwischen Politikern und Wählern auf umstrittenen Politikfeldern. *Zeitschrift für Parlamentsfragen, 54*(2), 408–439.

Gabriel, O. W., Brettschneider, F., & Vetter, A. (Hrsg.). (1997). *Politische Kultur und Wahlverhalten in einer Großstadt.* Westdeutscher Verlag. https://doi.org/10.1007/978-3-322-86657-8

Gabriel, O. W., & Keil, S. I. (2014). Empirische Wahlforschung in Deutschland: Kritik und Entwicklungsperspektiven. In J. W. Falter & H. Schoen (Hrsg.), *Handbuch Wahlforschung* (2 Aufl., S. 827–868). Springer VS. https://doi.org/10.1007/978-3-658-05164-8_19

García Bedolla, L., & Michelson, M. R. (2012). *Mobilizing inclusion: Transforming the electorate through get-out-the-vote campaigns.* Yale University Press.

Gaßner, A., Masch, L., Rosar, U., & Schöttle, S. (2019). Schöner wählen: Der Einfluss der physischen Attraktivität des politischen Personals bei der Bundestagswahl 2017. In K.-R. Korte & J. Schoofs (Hrsg.), *Die Bundestagswahl 2017: Analysen der Wahl-, Parteien-, Kommunikations- und Regierungsforschung* (S. 63–82). Springer VS. https://doi.org/10.1007/978-3-658-25050-8_4

Gehne, D. H. (2008). *Bürgermeisterwahlen in Nordrhein-Westfalen.* VS Verlag für Sozialwissenschaften.

Gerber, A. S., & Green, D. P. (2017). Field Experiments on Voter Mobilization. In A. V. Banerjee & E. Duflo (Hrsg.), *Handbook of Field Experiments* (Bd. 1, S. 395–438). North-Holland. https://doi.org/10.1016/bs.hefe.2016.09.002

Graeb, F., & Bernhagen, P. (2023). Lokale Hauptwahl oder nationale Nebenwahl? Der Einfluss von Gemeindegröße, Wahlsystem und Parteiensystem auf die Beteiligung an Kommunalwahlen. Politische Vierteljahresschrift(online first), 1–30. https://doi.org/10.1007/s11615-023-00506-x

Graeb, F., & Vetter, A. (2023). *Partei oder Person? Wahlverhalten bei Kommunalwahlen in Hessen.* unveröffentlichtes Manuskript.

Güllner, M. (2023). Vertrauen zu kommunalen Institutionen sinkt. https://kommunal.de/ver trauen-kommunalpolitik-guellner

Haller, A. (2021). *Social Media für Kommunalpolitiker*. Springer Gabler.

Haller, A., Kruschinski, S., Günther, J., Michelberger, S., Uhlich, M., & Thoß, L. (2023). Willst du uns im Wahlkampf unterstützen? Bitte bestätige deine E-Mail-Adresse. In M. Fuchs & M. Motzkau (Hrsg.), *Digitale Wahlkämpfe: Politische Kommunikation im Bundestagswahlkampf 2021* (S. 101–120). Springer VS. https://doi.org/10.1007/978-3-658-39008-2_7

Heckhausen, J., & Heckhausen, H. (Hrsg.). (2018). *Motivation und Handeln*. Springer. https://doi.org/10.1007/978-3-662-53927-9

Hoffmann, C., & Pfister, A. (2019). Führen mit Zielen. In E. Lippmann, A. Pfister & U. Jörg (Hrsg.), Handbuch Angewandte Psychologie für Führungskräfte: *Führungskompetenz und Führungswissen* (S. 675–724). Springer. https://doi.org/10.1007/978-3-662-55810-2_15

Holtkamp, L., & Garske, B. (2020). Der Einfluss von Amtsinhaberkandidaturen und des parteipolitischen Hintergrundes auf die Direktwahl des (Ober-)Bürgermeisters – Eine vergleichende Analyse bundesdeutscher (Ober-)Bürgermeisterwahlen. In B. Egner & D. Sack (Hrsg.), *Neue Koalitionen – alte Probleme* (S. 37–58). Springer VS. https://doi.org/10.1007/978-3-658-28452-7_3

Holtmann, E. (2012). *Der Parteienstaat in Deutschland: Erklärungen, Entwicklungen, Erscheinungsbilder*. BPB.

Jäckel, M. (2011). *Medienwirkungen: Ein Studienbuch zur Einführung*. VS Verlag für Sozialwissenschaften.

Jakobs, S. (2021). *Die Neumitgliederwerbung von SPD und CDU im Vergleich: Strategielose Mitgliederpartei oder überfordertes Ehrenamt?* Budrich.

Jakobs, S. (2023). Mitgliederwerbung in und für Parteien: Möglichkeiten und Hindernisse eines unterschätzten Instruments. *MIP – Zeitschrift für Parteienwissenschaften, 1*, 77–97.

Jakobs, S., & Jun, U. (2018). Parteienwettbewerb und Koalitionsbildung in Deutschland 2017/18: Eine Analyse der Wahlprogramme. *Zeitschrift für Parlamentsfragen, 49*(2), 265–285. https://doi.org/10.5771/0340-1758-2018-2-265

Jakobs, S., & Minas, M. (2022). Der Haustürwahlkampf während der Landtagswahl 2022 im Saarland. Mobilisierungstechniken und Mobilisierungstaktiken aus der Perspektive von Spitzenpolitiker*innen und Wahlkämpfer*innen: Tagungsbeitrag zur AKPF-Jahrestagung am 07./08.10.2022 in Trier. Trier.

Jakobs, S., & Schwab, V. (2023). *Mitgliederwerbung in und für Parteien: Ein Einblick in Theorie und Praxis*. Springer VS.

Klein, M., Springer, F., Masch, L., Ohr, D., & Rosar, U. (2019). Die politische Urteilsbildung der Wählerschaft im Vorfeld der Bundestagswahl 2017. Eine empirische Analyse in der Tradition von „The People's Choice". *Zeitschrift für Parlamentsfragen, 50*(1), 22–41. https://doi.org/10.5771/0340-1758-2019-1-22

Kübler, R. V., & Manke, K. (2023). Data Driven Campaigning: Wie Einfluss messbar gemacht werden kann und wie wir damit effizientere Kampagnen gestalten können. In M. Fuchs & M. Motzkau (Hrsg.), *Digitale Wahlkämpfe: Politische Kommunikation im Bundestagswahlkampf 2021* (S. 121–144). Springer VS. https://doi.org/10.1007/978-3-658-39008-2_8

Kuehl, R. A. (2012). The Rhetorical Presidency and "Accountability" in Education Reform: Comparing the Presidential Rhetoric of Ronald Reagan and George W. Bush. *Southern Communication Journal, 77*(4), 329–348. https://doi.org/10.1080/1041794X.2012.678926

Lazarsfeld, P. F., Berelson, B., & Gaudet, H. (1944). *The People's Choice: How the Voter makes up his Mind in a presidential Campaign.* Duell, Sloan and Pearce.

Lipset, S. M., & Rokkan, S. (1967). Cleavage Structures, Party Systems and Voter Alignments: An Introduction. In S. M. Lipset & S. Rokkan (Hrsg.), *Party Systems and Voter Alignments* (S. 1–64). Free Press.

Lüdemann, C. (2001). Politische Partizipation, Anreize und Ressourcen.: Ein Test verschiedener Handlungsmodelle und Anschlußtheorien am ALLBUS 1998. In A. Koch, M. Wasmer & P. Schmidt (Hrsg.), *Politische Partizipation in der Bundesrepublik Deutschland: Empirische Befunde und theoretische Erklärungen* (S. 43–71). VS Verlag für Sozialwissenschaften. https://doi.org/10.1007/978-3-322-99341-0_3

Masch, L., Gassner, A., & Rosar, U. (2021). Can a beautiful smile win the vote? The role of candidates' physical attractiveness and facial expressions in elections. *Politics and the life sciences, 40*(2), 213–223. https://doi.org/10.1017/pls.2021.17

Mayer, S. J. (2017). *Die Parteiidentifikation.* Springer VS.

Mayer, S. J. (2019). Der Einfluss multipler Parteibindungen auf das Wahlverhalten. In E. Bytzek, M. Steinbrecher & U. Rosar (Hrsg.), *Wahrnehmung – Persönlichkeit – Einstellungen: Psychologische Theorien und Methoden in der Wahl- und Einstellungsforschung* (S. 205–234). Springer VS. https://doi.org/10.1007/978-3-658-21216-2_7

Mayer, S. J., & Schultze, M. (2017). Multiple Parteiidentifikation, politische Involvierung und Cross-Pressures. *Politische Vierteljahresschrift, 58*(3), 367–391. https://doi.org/10.5771/0032-3470-2017-3-367

Minas, M., Jakobs, S., & Jun, U. (2023). Die programmatische Seite des Parteienwettbewerbs: Eine Analyse der Wahlprogramme und des Koalitionsvertrags 2021. In U. Jun & O. Niedermayer (Hrsg.), *Die Parteien nach der Bundestagswahl 2021: Neueste Entwicklungen des Parteienwettbewerbs in Deutschland* (S. 41–75). Springer VS. https://doi.org/10.1007/978-3-658-40860-2_2

Moura, M. & Michelson, M. R. (2017). WhatsApp in Brazil: Mobilising voters through door-to-door and personal messages. *Internet Policy Review, 6*(4). https://doi.org/10.14763/2017.4.775

Napierala, N. (2021). *Framing und Counter-Framing in der Politik: Eine Untersuchung von Debatten des Deutschen Bundestages.* HU Berlin.

Nerdinger, F. W., Blickle, G., & Schaper, N. (2014). *Arbeits- und Organisationspsychologie* (3., vollständig überarbeitete Auflage). Springer.

Nyhuis, D. (2016). Partei oder Person? Parteispezifische Wahlmotive bei baden-württembergischen Kommunalwahlen. *Zeitschrift für Parlamentsfragen, 47*(3), 657–669.

Oerder, K. S. (2015). *Die Bedeutung von Motivation und Politischen Fertigkeiten von ehrenamtlichen RecruiterInnen in Mitgliederorganisationen: Eine prädiktive Studie an Mitgliedern einer Industriegewerkschaft.* Universität Bonn.

Oswald, M. (2019). *Strategisches Framing: Eine Einführung.* Springer VS. https://doi.org/10.1007/978-3-658-24284-8

Pfister, A., Lippmann, E., & Beutter, C. (2019). Problemlösen und Entscheiden. In E. Lippmann, A. Pfister & U. Jörg (Hrsg.), *Handbuch Angewandte Psychologie für Führungskräfte: Führungskompetenz und Führungswissen* (S. 239–324). Springer. https://doi.org/10.1007/978-3-662-55810-2_8

Podschuweit, N., & Geise, S. (2023). Politische Werbung auf Social Media im Bundestagswahlkampf 2021. In C. Holtz-Bacha (Hrsg.), *Die (Massen-) Medien im Wahlkampf: Die Bundestagswahl 2021* (S. 87–116). Springer VS. https://doi.org/10.1007/978-3-658-389 67-3_4

Pollex, J., Block, S., Gross, M., Nyhuis, D., & Velimsky, J. A. (2021). Ein zunehmend bunter Freistaat: Die Analyse der bayerischen Kommunalwahlen im März 2020 unter besonderer Berücksichtigung der kreisfreien Städte. *Zeitschrift für Parlamentsfragen* (1), 78–94.

Raupp, J. (2020). Personalisierung. In I. Borucki, K. Kleinen-von Königslöw, S. Marschall & T. Zerback (Hrsg.), *Handbuch Politische Kommunikation* (S. 1–18). Springer VS. https://doi.org/10.1007/978-3-658-26242-6_29-1#DOI

Scheufele, B. (2003). *Frames – Framing – Framing-Effekte: Theoretische und methodische Grundlegung des Framing-Ansatzes sowie empirische Befunde zur Nachrichtenproduktion*. Westdeutscher Verlag.

Schmid-Petri, H. (2012). *Das Framing von Issues in Medien und Politik: Eine Analyse systemspezifischer Besonderheiten*. VS Verlag für Sozialwissenschaften. https://doi.org/10.1007/978-3-531-18760-0

Schmücking, D. (2015). *Negative Campaigning: Die Wirkung und Entwicklung negativer politischer Werbung in der Bundesrepublik*. Springer VS. https://doi.org/10.1007/978-3-658-08212-3

Schoen, H. (2014). Soziologische Ansätze in der empirischen Wahlforschung. In J. W. Falter & H. Schoen (Hrsg.), *Handbuch Wahlforschung* (S. 169–239). Springer VS. https://doi.org/10.1007/978-3-658-05164-8_6

Schoen, H., & Weins, C. (2014). Der sozialpsychologische Ansatz zur Erklärung von Wahlverhalten. In J. W. Falter & H. Schoen (Hrsg.), *Handbuch Wahlforschung* (2 Aufl., S. 241–329). Springer VS. https://doi.org/10.1007/978-3-658-05164-8_7

Schönbach, K. (2022). *Verkaufen, Flirten, Führen: Persuasive Kommunikation – ein Überblick* (5. Aufl.). Springer VS. https://doi.org/10.1007/978-3-658-36115-0

Schultze, M. (2016). *Wahlverhalten und Wählerheterogenität: Theorie und Empirie auf der Grundlage des Michigan-Modells*. Springer VS.

Schulz, W. (2023). Prekäre Mobilisierung und defizitäre Kommunikation: Was von der Kampagne bei wem (nicht) ankam. In C. Holtz-Bacha (Hrsg.), *Die (Massen-) Medien im Wahlkampf: Die Bundestagswahl 2021* (S. 317–338). Springer VS. https://doi.org/10.1007/978-3-658-38967-3_12

Smolka, T., & Stark, T. (2022). Wähler:Innen im Krisenmodus? In K.-R. Korte, M. Schiffers, A. von Schuckmann & S. Plümer (Hrsg.), *Die Bundestagswahl 2021: Analysen der Wahl-, Parteien-, Kommunikations- und Regierungsforschung* (S. 1–30). Springer Live Reference. https://doi.org/10.1007/978-3-658-35758-0_7-1#DOI

Stoiber, M., & Egner, B. (2008). Ein übertragbarer Amtsinhaber-Bonus bei Kommunalwahlen: Eine vergleichende Analyse in drei Bundesländern. *Zeitschrift für Vergleichende Politikwissenschaft, 2*(2), 287–314. https://doi.org/10.1007/s12286-008-0015-0

Thiele, M. (2006). *Führen & Streiten. bvs bayerischer verlag für sprechwissenschaft.*

Vehrkamp, R., & Bischoff, L. (2022). Negative Parteiidentifikationen als (neue) Chance zur Wählermobilisierung? In H. U. Brinkmann & K.-H. Reuband (Hrsg.), *Rechtspopulismus in Deutschland: Wahlverhalten in Zeiten politischer Polarisierung* (S. 57–83). Springer VS. https://doi.org/10.1007/978-3-658-33787-2_4

Vetter, A. (1997). Einstellungen zur lokalen und nationalen Politik. In O. W. Gabriel, F. Brettschneider, & A. Vetter (Hrsg.), *Politische Kultur und Wahlverhalten in einer Großstadt* (S. 17–42). Westdeutscher Verlag.

Voigt, M., & Seidenglanz, R. (2017). *Trendstudie: Digital Campaigning in der Bundestagswahl 2017*. Quadriga Hochschule: Implikationen für Politik und Public Affairs.

Weisbach, C.-R., & Sonne-Neubacher, P. (2015). *Professionelle Gesprächsführung: Ein praxisnahes Lese- und Übungsbuch* (9., überarbeitete und aktualisierte Auflage). dtv.

Welzel, C. (2009). Werte- und Wertewandelforschung. In V. Kaina & A. Römmele (Hrsg.), *Politische Soziologie: Ein Studienbuch* (S. 109–140). VS Verlag.

Wiesendahl, E. (2013). Parteienforschung im Rahmen der Sozialwissenschaften. In O. Niedermayer (Hrsg.), Handbuch Parteienforschung (S. 13–60). Springer VS. https://doi.org/10.1007/978-3-531-18932-1_1

Wiesendahl, E. (2022). *Parteienforschung: Ein Überblick*. Springer VS. https://doi.org/10.1007/978-3-658-33900-5

Printed in the USA
CPSIA information can be obtained
at www.ICGtesting.com
LVHW011816070424
776695LV00005B/647

9 783658 444631